新时代青年教育
理论与实践

杨 清 著

江西高校出版社
JIANGXI UNIVERSITIES AND COLLEGES PRESS

图书在版编目（ＣＩＰ）数据

新时代青年教育理论与实践/杨清著.--南昌:江西高校出版社,2023.3（2024.9重印）

ISBN 978－7－5762－3706－1

Ⅰ.①新…　Ⅱ.①杨…　Ⅲ.①青少年教育—研究—中国　Ⅳ.①G775

中国国家版本馆 CIP 数据核字（2023）第 027318 号

出 版 发 行	江西高校出版社
社　　　址	江西省南昌市洪都北大道 96 号
总编室电话	(0791)88504319
销 售 电 话	(0791)88522516
网　　　址	www.juacp.com
印　　　刷	三河市京兰印务有限公司
经　　　销	全国新华书店
开　　　本	700 mm×1000 mm　1/16
印　　　张	9
字　　　数	143 千字
版　　　次	2023 年 3 月第 1 版
	2024 年 9 月第 2 次印刷
书　　　号	ISBN 978－7－5762－3706－1
定　　　价	58.00 元

赣版权登字 -07-2023-195

前　言

中国共产党历来重视青年教育,始终关心关爱青年的成长成才。中国特色社会主义各项事业的发展也正是因为有了广大青年的支持和贡献才得以稳步向前。习近平总书记在中国共产党第十九次全国代表大会上郑重宣布中国特色社会主义进入新时代,对广大青年在中华民族伟大建设的进程中的战略定位给予了明确的指示:"青年兴则国家兴,青年强则国家强。青年一代有理想、有本领、有担当,国家就有前途,民族就有希望。"①习近平总书记为广大青年成长成才明确了具体发展的目标是"有理想、有本领、有担当",并将青年个人的发展与国家和民族的前途命运紧密地联系起来。为谁培养青年,培养怎样的青年,怎样培养青年这一系列的问题需要我们及时给予回应。新时代青年教育研究正是建立在一定的问题基础上,是对当代青年教育工作所面临的一系列新问题的时代回应,具有深刻的时代背景和研究价值。

本书主要从六个部分对新时代青年教育展开研究:

第一部分是导论,阐述了本研究的选题缘由、意义,研究现状、思路和方法以及创新之处。

第二部分为新时代青年教育研究的形成,主要从新时代青年教育研究形成的时代背景(国内和国外背景)、理论渊源以及现实基础

---

① 习近平.决胜全面建成小康社会　夺取新时代中国特色社会主义伟大胜利:在中国共产党第十九次全国代表大会上的报告[N].人民日报,2017－10－28(1).

等三个方面展开论述。

第三部分论述了新时代青年教育研究的主要内容,主要从青年教育的定位和目标、青年教育内容的构成要素以及关于青年教育的原则方法等三个部分展开。新时代青年教育研究的主要内容由九个要素构成:社会主义核心价值观教育、传统文化教育、法治观念培育、思想品德教育、理想信念教育、家国情怀教育、知行合一教育、奋斗精神培育、创新精神的培育。四个基本原则:第一是两个巩固原则;第二是以人为本原则;第三是两个相统一原则;第四是主动占领阵地意识原则。新时代青年教育研究最新的方法主要有四个:一是实践育人法;二是文化育人法;三是心理辅导法;四是榜样引领法。

第四部分论述了新时代青年教育研究的鲜明特征,主要论述了新时代青年教育研究的战略性与实践性相统一、历史性与时代性相统一、民族性与世界性相统一以及科学性与艺术性相统一。

第五部分论述了新时代青年教育研究的时代价值。理论价值方面主要从开辟了马克思主义青年教育理论的新境界、丰富发展了马克思主义中国化青年教育思想以及揭示了当代中国青年教育的客观规律和本质要求这三点展开;实践价值方面则从为做好青年工作提供了根本遵循、为新时代青年建功立业提供行动指南、为中华民族伟大复兴的中国梦的实现提供了强大助力以及为构建人类命运共同体提供了重要的人才和智力支撑这几方面展开。

第六部分论述了新时代青年教育研究价值实现的路径选择。以社会教育为依托,打造好以互联网为平台的正面宣传教育渠道、营造风清气正的社会教育氛围以及发挥共青团在广大青年思想领域中的积极引领作用;以学校教育为主体,重视并加强马克思主义教育的理论研究、打造好思政教育的主阵地以及建立全员、全方位、全过程的育人机制；以家庭教育为基础，助力青年教育，并建立家庭教育机制、家庭教育的导向和激励机制以及发挥家风家训潜移默化的教育作用；以个体教育为重点，增强自我教育意识，提升自我教育能力，自觉践行社会主义核心价值观以及把人生理想融入国家和民族的事业中。

目　　录

导　论

中国特色社会主义进入新时代,以习近平同志为核心的党中央在面对新时期国内外复杂的环境时,始终团结各族人民坚持中国特色社会主义道路,回应新时代所面临的各种问题。马克思、恩格斯曾经指出:"发展着自己的物质生产和物质交往的人们,在改变自己的这个现实的同时也改变着自己的思维和思维的产物。"①人们在面对重大社会变革的同时,也要具备相应时代的理想信念。全面改革带来的精神世界的变化使得人们不得不重新思考自己生命活动的意义和价值,自己在变革中的社会处于什么样的地位和拥有怎样的精神境况。尤其是面对打开国门后纷至沓来的各种思潮,我们该以怎样的信仰去适应新时代的变革以及推进变革? 这个时代应该要用什么样的思想凝魂聚魄? 用什么样的理想信念坚定人心? 用什么样的精神激发斗志? 处于新时代的中国人,在经济、文化、科技等高速发展的同时,也迫切需要用彰显中国自信、弘扬中国精神、承接中华优秀传统的共识信念引领前行。

正是在这样的一个大背景下,十九大报告中明确指出:"青年一代有理想、有本领、有担当,国家就有前途,民族就有希望。……中华民族伟大复兴的中国梦终将在一代代青年的接力奋斗中变为现实。"青年是中华民族的脊梁,拥有青年群体的支持才有未来的发展,把握和引领青年群体的思想潮流毫无疑问是我们实现一切目标的重要前提。青年教育问题更是以习近平同志为核心的党中央高度重视的领域。尤其是十八大以后,习近平总书记就青年教育问题发表了许多重要论述,为广大青年健康发展提供了重要的理论指导。这些重要论述是马克思主义青年教育理论在中国当前发展的最新水平和新高度,是让青年有信仰、民族有希望、国家有实力的科学理论和精神支柱。开展新时代青年教育研究,就是要立足于其形成所需的理论和现实基础,力求全面准确地提炼新时代

---

① 中共中央马克思恩格斯列宁斯大林著作编译局.马克思恩格斯文集:第 1 卷[M].北京:人民出版社,2009:525.

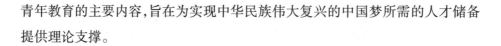

青年教育的主要内容,旨在为实现中华民族伟大复兴的中国梦所需的人才储备提供理论支撑。

1. 选题缘由

青年强则中国强,中国历来重视和关注广大青年群体。新时代青年教育研究是建立在一定问题基础上的,是对当前青年教育面临的一系列新问题的时代回应。新时代青年教育研究集中体现了青年教育工作中的理论逻辑和实践总结,凝结着青年教育的精神实质和思想结晶。

首先,从实践上说,我们正处在一个高度世界化、多元化的局面中,经济、文化、科技等各领域都是高密度竞争的领域。在如此激烈的竞争中要求得生存和发展,对当前还处于发展中国家的我们而言是一个巨大的考验。尤其是跨入新时代后,需要各领域的千百万年轻人才投身其中大干一番事业。创新思维大多属于青年群体,这个阶段是人一生中最具创造力和想象力的黄金时段。不断创新是一个国家、一个民族的灵魂和希望,对于创造创新的重要性我们可以在迅速发展的科技领域深刻体会到。科学技术对决,正是人才的对决和比拼,谁拥有了创新人才谁就占领了市场,把握了核心科技进而拥有其他领域的话语权。不仅科技领域如此,经济、体育、政治、文化等各个领域都是如此。因此,培育人才、尊重人才、使用人才成为当下各个国家都十分重视的问题。中国自古以来讲究德才兼备,德在才之前。要发挥青年人才的作用的前提是对青年思想和价值观进行正确的指引,统一青年群体的思想战线,使得他们自发自觉地在中国共产党领导下成长成才。显然这对于我们实现"两个一百年"奋斗目标和中华民族伟大复兴的中国梦、加速中国现代化建设进程起着至关重要的作用。我们党在不同历史阶段都十分重视青年教育问题,并不断总结和反思青年教育思想。每个阶段的青年有着不同的历史任务和担当,我们从来没有忽视青年在不同历史时期的思想变化和责任转变,也能够及时在不同时期牢牢把握广大青年的思想动态,并依靠广大青年的信任和支持,取得了不同阶段的伟大胜利。历史经验告诉我们,顺势而为、与时俱进对于青年教育十分重要。新时代下青年思想动态有着新特点、新规律,准确把握青年教育的新方向并及时提供准确的指引,这对于我们党来说是一项极其重要的工作。一旦忽视了青年教育问题,必然会给我们国家各项事业的推进和发展带来阻碍。

其次，在理论方面，习近平总书记在不同时期、不同场合发表了一系列关于青年教育的重要论述。这些讲话深入浅出，为青年教育工作提供了重要指引。习近平总书记在广大青年如何培育和践行社会主义核心价值观并坚定广大青年的理想信念等问题上有着许多经典的论断。从2012年11月29日参观"复兴之路"展览提出中华民族伟大复兴的中国梦，到2013年5月4日同各界优秀青年代表座谈，再到同年8月19日在全国宣传思想工作会议上提出意识形态工作是党的一项极端重要的工作并做出了总体部署……在不到一年的时间里，习近平总书记在不同场合针对青年群体的讲话中反复强调了"坚定理想信念"这个重大历史命题。这些言论和谈话是我们研究新时代青年教育重要理论的第一手材料，更折射出习近平总书记对青年教育问题的高度重视。预防青年精神"缺钙"的重要方式就是加强青年群体的理想信念教育。青年的成长离不开理想信念的教育，理想是人们对未来美好的期待和遐想，更是激励人们不断进步的目标所在。没有树立正确合理的理想，就不要谈信念问题；有了合理的理想，信念便是支撑人们前进的动力。新时代青年教育研究正是具有问题导向意识的研究，我们从习近平总书记就青年教育问题发表的重要论述中提升理论来指导实践从而解决当前青年教育的新问题。

最后，从实际出发，笔者立志在高校从事"青年教育"管理或教学工作，自然选择与青年教育相关的主题进行深入研究。高校是青年聚居地，无论是从理论还是实践的角度，高校都是盛产青年教育相关理论和引领青年群体开展实践活动的重要场所。笔者在读博士之前曾从事过学生思想政治教育工作，在实践中深感自身理论基础的不扎实和学生工作的复杂性，深知倘若不更新知识储备，不与时俱进，的确无法更好地服务学生。面对这些处在迷茫阶段的青年学生，高校教育工作者肩负思想指引的重任。高校教育工作者中本身也有很大一部分青年教师，他们自己也面临着不同程度的信念信仰不坚定的问题，带着这些问题从事青年学生教育工作是一件极其危险的事。随着大学逐渐对外开放，青年学生面临来自家庭、学校、社会乃至世界范围内的不同观念的影响，有些是正面的，有些不仅是负面更是危及我们思想根基的信息。世界范围内的多元化思潮通过对在校大学生思想观念的渗透，使得我们在意识形态领域面临着巨大的挑战。如何更好地对当代青年学生的思想进行正确指引,是我们当前青年教育领域研究的重点。新时代青年教育研究就是立足于解决青年教育中的新问题,回应当前的现实需求。什么是青年教育新问题,这与时代变迁有重要关系。如习近平总书记在2016年全国高校思想政治工作会议中就指出,在高校思想政治工作中要"加强人文关怀和心理疏导",而后对会议精神解读的学者们则认为"人文关怀"和"心理疏导"正是新形势下开展青年思想教育的新载体和新模式,这与传统、显性的教育载体有着较大的区别。新载体、新模式的采用更加适合新时代青年的发展规律和特点,他们更加容易接受新鲜事物和新的沟通模式。因此,系统地进行新时代青年教育研究对于我们形成有深度的理论科研文献具有重要的意义。

2.选题意义

新时代青年教育研究属于思想政治教育前沿理论追踪研究,意义在于从思想政治教育理论创新来展开对新时代青年教育研究内容的梳理和提炼,并参照思想政治教育具体实践要求来探索青年教育的现实回应和逻辑理论。新时代青年教育研究遵循习近平新时代中国特色社会主义思想,而习近平新时代中国特色社会主义思想又是马克思主义中国化的最新理论成果。这样在脉络归属上,该研究又偏向了马克思主义中国化二级学科范畴,所以新时代青年教育研究是在马克思主义理论一级学科下融合多个二级学科领域视角的多元化选题。

第一,新时代青年教育研究是丰富和发展马克思主义的理论性命题。新时代青年教育研究的目的是在马克思主义青年教育观以及中国化青年教育思想理论的基础上进行提炼总结,不仅丰富了马克思主义中国化的宝贵思想体系,更能够结合中国特殊国情下青年历史担当的实际状况,发展和创新马克思主义青年思想。

第二,新时代青年教育研究还是加强和改进意识形态领域的战略性命题。当前经济社会高速发展,科技日新月异,各种文化思想交织碰撞。国内各种思潮风起云涌,中西价值观的迥异,西方文化的渗透,给我们带来了一场无硝烟的思想战争。而这场思想战争最容易影响的是处于人生观、价值观、世界观刚刚形成阶段的青年群体。他们对这个世界和社会的认识并不深刻,很容易受到不良思想的冲击影响。习近平总书记指出："意识形态工作是党的一项极端重要的工作。"①这场无硝烟的战争需要我们积极主动把握青年群体的思想动态，正确引导青年群体，贴近他们的生活，了解他们的真实需求，及时回应他们的困惑。新时代下各种思潮扑面而来，新时代引领社会思潮就是要用习近平新时代中国特色社会主义思想武装头脑，对各种消解文化自信的不利思想绝不手软。当今社会上流行的几大思潮以各种讨巧方式在广大群众中散播，并具有一定的影响力，稍有不慎形成了主流后，势必对我们实现中华民族伟大复兴的中国梦造成负面影响。而新时代青年教育研究正是回应了意识形态领域的现实需求，围绕意识形态本质内涵、基本规律的认识来构建青年教育思想体系。只有稳抓社会意识形态的建设，掌握意识形态的变化，使之朝着健康的方向发展，才能促进物质社会实践领域的繁荣发展。

　　第三，新时代青年教育研究有利于加强和推进马克思主义理论教育，是创新发展思想政治教育的全局性命题。习近平同志反复强调过，马克思主义理论是我们的"看家本领"，练好看家本领才能使得国家走向正确的发展道路。毫无疑问，每个国家的青年一代都肩负着建设国家的历史使命，马克思也经常在他的论著中谈到，青年们虽然还没有形成保护自己的能力，但他们是现实社会中最活跃的力量，是每个阶级都想争取的群体。有了青年一代的认可和拥护，伟大的事业才有实现的可能。那么，新时代究竟该用什么样的教育理论来引领青年群体、如何更好地引领青年群体的思想动态？答案必然是坚持马克思主义这一根本指导思想，继承和发展马克思主义理论，用中国特色社会主义最新理论成果来创新当前的思想政治教育理论。这样的思想理论必然是党性和科学性、意识形态性与真理性的结合。用习近平新时代中国特色社会主义思想引领青年思想动态既符合党性，也符合科学性；新时代青年教育研究不仅是对马克思主义青年思想发展的继承，更是对当下思想政治教育创新的思考，这对于我们青年教育未来的发展有着重要的指导意义。

　　第四，新时代青年教育研究是促进当前中国文化自信的深层次命题。习近平总书记在许多重要场合发表的讲话中，都恰到好处地展示了中国优秀传统文

---

① 中共中央文献研究室.十八大以来重要文献选编（上）[M].北京:中央文献出版社，2014:464.

化的精髓。如:习近平总书记在北京大学师生座谈会上的讲话就引用了"四维不张,国乃灭亡"①来指引青年要自觉践行社会主义核心价值观。文化自信对一个国家和民族来讲是极其重要的,中华民族的伟大复兴需要建立在文化自信的基础上,是以旺盛的文化生命力为前提的。没有精神支撑的民族难以自强不息,没有文化底蕴的国家也难以繁荣昌盛。纵观中华民族上下五千年的文化历史,可谓博大精深,有"修其心治其身,而后可以为政于天下"的德行意识,有"老吾老,以及人之老;幼吾幼,以及人之幼"的仁爱精神,有"克己复礼为仁"的礼节约束,有"穷则独善其身,达者兼济天下"的崇高胸怀,也有"苟利国家生死以,岂因祸福避趋之"的报国情怀,更有"富贵不能淫,威武不能屈"的一身正气。这些传统文化中的精华都成为中国家国情怀中亘古不变的主旨。我们要善于总结历史,从历史经验教训中创新前进才能有利于我们的事业发展壮大,从延续民族文化血脉中开拓前进。中国共产党带领中国人民屹立在竞争激烈的世界之林,力争话语权,影响世界文化格局,重建世界文化秩序靠的就是我们对自己文化的自信和不断开拓创新的探索。新时代青年教育研究无论在形式上还是内容上都是立足于中国传统文化之上,旨在感染青年群体,坚定他们的文化自信,将中国文化所蕴含的丰富思想和价值观念注入青年群体的血液里。这对于我们实现中华民族伟大复兴的中国梦来说都是不可估量的精神支柱。

3. 研究现状

随着研究新时代青年教育的学者越来越多,中国知网以"新时代青年教育"为主题的搜索也是逐年见涨。但是相对于其他主题来说,以"新时代青年教育"这七个字为标题的研究并不多,但并不意味着当前学界对于新时代青年教育的研究探讨是没有价值的。事实上我们转而拓宽视野,就能够发现国内外学者对习近平总书记关于社会主义意识形态、中国梦、社会主义核心价值观、理想信念教育、家风建设、精神文明建设、军队思想政治工作建设等诸多领域已经有了很丰富的研究成果和一手资料,涵盖了新时代青年教育各方面的内容,我们在文献研究综述部分也会对这些研究内容和成果进行归类和探讨。

---

① 人民日报评论部. 习近平用典[M]. 北京:人民日报出版社,2015:02.

第一,国外研究现状。

目前来讲,国外单纯关于青年教育的研究较多,基于生理、发展心理和社会心理等多个领域角度来展开。国外对青年的教育更加侧重隐性教育方式的研究,并取得了一定理论和实践的效果,虽说对我们国家的青年教育发展有借鉴之处,但是国情社情差异性较大,不讲究因地制宜而一味地模仿显然不利于我们国家关于青年教育理论和实践的发展。国外学者对于"新时代青年教育"这一专题的深入研究无法直接搜索到,但并不意味着当前国外学界围绕新时代青年教育理论研究的探讨是没有的。虽然我们并没有发现直接聚焦于"新时代青年教育研究"这一主题的著作,但是我们可以发现,不少海外华裔学者如美国纽约大学政治系终身教授熊玠等在"治国理政"与"中国梦"关系中探讨过"中国梦"如何更好地铸魂育人的方略,在"四个全面"和"中国梦"关系中探讨过如何实现铸魂育人的途径和手段。这些关系探讨也恰好给我们研究新时代青年教育一个关键的提示,即不能忽略意识形态领域建设中产生的新理论、新论断。从这些关系探讨得出的关于铸魂育人的经验启示和路径选择,同样对我们研究新时代青年教育有着重要的启示。

第二,国内研究现状。

这几年研究"新时代青年教育"相关的课题逐渐增多,研究成果也逐步成熟,但是较之其他主题的研究力度和深度还远远不够。笔者发现要深入研究,必然要把研究视域打开,也就是说不能仅仅局限在只含有"新时代青年"或"新时代青年教育"这些字眼的文献资料里,显然这是不全面的。这个外延包含了许多领域:青年文艺工作者、青年解放军战士、青年干部、青年教师、青年企业家、青年大学生、青年农民等。基于前面对国外研究现状的分析可以得出,我们还可以从意识形态建设、精神文明建设、中国精神、中国梦和社会主义核心价值观等理论阐述中,提炼和总结出引路育人的重要内容和途径。

就目前国内现有研究学术成果来看,主要的研究思路和框架为:新时代青年教育研究的形成背景—新时代青年教育研究的主要内容—新时代青年教育研究的实现路径。具体来说,当前国内学术界关于这一主题的研究,我们可以从四个大方向来总结和分析:

一是新时代青年教育的基础理论研究。

新时代青年教育的基础理论研究,是新时代青年教育研究形成发展过程中的前提性问题,包括以下几个方面的探讨。

首先是新时代青年教育的基本概念研究。关于基本概念的研究,学界有一点基本达成一致,那就是认为新时代青年教育是一种系统的理论概括,这种理论概括要想在学理上获得支撑,应该回答以下几个问题:一是新时代青年教育包含哪些新理念、新论断,即新时代青年教育研究的总体释义问题;二是青年教育的范畴,特别是在马克思主义理论视域下对青年教育范畴的内涵解读,以便为我们的研究获得科学基础和逻辑前提。"青年""教育"以及"青年教育"的概念,随着时代变迁和历史更替而有着不同的定义。在不同国家不同文化里,青年的定义范围和教育范畴都有着较大的区别。

关于"青年"这一词语,在不同的国家和文化里表达方式是不一样,不管哪种表达方式,都会有一定的年龄范围指向,这个年龄范围的划分主要是依据每个国家和文化的规定。比如,联合国所定义的青年人是15—24岁;世界卫生组织划分范围更宽广一点,认为年纪在14—44岁的人就是青年;联合国教科文组织认为14—34岁的人才能定义为青年。而在我国,不同认定机构、不同省份、不同地区都有着自己的年龄规定。共青团组织作为教育引领广大青年的群团组织,在其章程第一条对团员的年龄做出了明确规定:14—28岁的才能定义为青年。国家统计局相关统计部门则认为是0—14岁。青年联合会则把18—40岁的人界定为青年。国内不同的省份差异也较大,比如广东是20—40岁,河北是14—28岁,山东是20—45岁,上海是18—28岁等。2017年4月13日,中共中央、国务院印发的《中长期青年发展规划(2016—2025年)》中有明确的青年划分规定:"本规划所指的青年,年龄范围是14—35周岁。"①参照规划里的这一规定,学界关于青年教育研究中所涉及的青年指的是年龄限于14—35周岁的广大青年。这些青年群体不分职业、性别、民族,既包括了广大的在校青年学生,在企事业单位、政府部门、军队等单位工作和服役的青年人,也包括自由职业、失业或无业的广大青年人。

---

① 新华社.中共中央 国务院印发《中长期青年发展规划(2016—2025年)》[EB/OL].(2017 – 04 – 13)[2022 – 08 – 30]. http://www. gov. cn/xinwen/2017 – 04/13/content_5185555. htm#1.

　　关于"教育"的定义，基本都是参照《现代汉语词典》以及古代思想中对教育的解释。教育一般有两个层面的意思：一是通过学校或者其他非正式组织来对青少年儿童进行培养，使得他们适应和有能力从事社会生活；二是通过各种理论道理来影响他人，使得他人按照规定或要求来行为。较早的文献见于《孟子·尽心上》"得天下英才而教育之"，以及《说文解字》解释"教，上所施下所效""育，养子使作善也"。关于"青年教育"概念的界定，不同学者基于不同视角对青年教育活动有着不同的解释。在哲学研究视域下，"青年教育"致力于帮助广大青年建立科学的三观；协调人与周围社会环境和自然环境之间的关系并达到和谐状态，以实现人的全面价值；构建青年的精神家园，通过精神的提升来达到精神育人的目的。青年教育在哲学研究范畴需要透过现象看本质、找规律，要深入人们的思想境地和心理世界进行探索活动。教育学中"青年教育"也有三方面的理解：一是青年教育包含生命教育，要解决如何实现个体生命成长和发展的教育问题；二是青年教育包含继续教育，认为教育的关键在于塑造青年的品格和培养青年群体完整的人格；三是青年教育也是一种道德教育或德行教化，青年群体的品德和性格的形成是可以通过教育来实现的，并且非常需要重视这块的教育。教育学的阐释认为青年教育是把培育有灵魂的人作为教育目标。在思想政治教育视域下，综合概括学界比较认可的解释，得出青年教育包括以下几层含义：一是主流意识形态的教育转化活动，青年教育实践可以把一定的社会意识形态要求通过教育手段转化为青年群体的思想集体共识；二是塑造青年的灵魂和建构青年的精神家园，思想政治教育本身也就包括了人文精神关怀和人文智慧结晶，以人的全面和自由发展为目标；三是引路育人，认为青年教育目的在于固本铸魂，引导青年坚定走中国特色社会主义道路、拥护中国共产党的领导、坚定理想信念，培养有高"钙"的青年共产党员、培养"新四有"青年等。

　　其次是新时代青年教育的理论基础研究。关于新时代青年教育的理论基础问题，学界基本上达成统一认识，一致认为马克思主义青年教育观、中国特色社会主义中的青年教育理论和中国传统文化中优秀的青年教育思想资源是新时代青年教育研究形成发展的理论基础。有学者认为，以中华优秀传统文化为思想借鉴，结合西方文化里优秀可取的意识形态精华，新时代青年教育研究是在开放包容性的思想国度中构建起来的,是思想和文化精髓的集大成者。

最后是新时代青年教育的形成发展研究。关于新时代青年教育的形成过程研究,主要集中在两个方面:一方面是对时代背景研究,分为国内和国际背景介绍,无一例外都在交代新时代青年教育研究是符合目前新形势下对意识形态教育的需求,以及国内外复杂多变的环境下,青年群体在各种社会思潮的冲击下迫切需要正确积极的价值观和理想信念的引导;另一方面是对不同阶段新时代青年教育的发展历程和侧重点的研究。

二是新时代青年教育中教育内容构成研究。

学术界对新时代青年教育中教育内容构成的研究众说纷纭、没有达成一致,这也为我们的研究提供了许多拓展的空间。从目前已有的学术成果来看,关于青年教育具体内容的构成这部分的研究成果是比较全面丰富的。比如有的学者认为,新时代青年教育研究的内容主要有用科学的知识武装广大青年的头脑,做好正确的理想信念教育,勤学、修德、明辨、笃实;还有人认为,其内容构成是理想信念教育、社会主义核心价值观、"四个自信"理论教育、法治教育以及生态文明教育;还有的学者将新时代青年教育研究的具体内容概括为"五维一体,全面育人"。

另外,也有不少学者从某一个视角或青年教育的某一方面内容引申出具体的研究。有的学者从青年成长的视角,对新时代青年教育进行了总结;有的学者从中国梦的视角展开,围绕习近平对青年的基本要求进行了提炼;还有学者认为,习近平创新了理想信念理论,主要包括革命理想高于天、纽扣论、总开关、精神之钙等新思想,形成了关于青年教育的新观念。针对不同学者对于新时代青年教育内容的不同类别的总结和概括,我们也可以得出四个方面的主要内容:政治观教育、人生观教育、法治观教育和道德观教育。

三是对新时代青年教育的方法、路径、原则、目标、任务等问题的相关研究。

思想政治教育方法是连接教育内容和教育对象的重要桥梁和纽带。习近平总书记曾经在不同场合使用了不同的教育方法来对青年开展相关的思想政治教育,比如教育引导、舆论宣传、文化熏陶、实践养成、制度保障几个方面。不同学者对此观点大同小异。关于新时代青年教育的目标,主要认为是"立德树人",也有认为是"勤学、修德、明辨、笃实"八字目标。关于实践路径的观点也是众说纷纭,没有形成统一认识。有的从实施教育主体出发,认为应该要"多方联动、合力育人",也有鼓励广大青年从自身角度出发进行自我修炼、不断学习从而成长成才。新时代青年教育工作遵循原则的研究,主要是针对新形势下青年教育工作所面临的新任务、新挑战,提出和强调了新时期搞好青年教育工作所应该遵循的基本原则。基本原则的研究对我们开展青年教育有着重要的现实意义。对此,学界认为的原则主要包括:方向性原则、物质利益原则、渗透性原则、政治方向性原则、分类指导规划原则、渗透与吸收原则、物质利益共享原则。新时代青年教育的任务研究,可分为首要任务、政治任务、根本任务、重要任务,还有的学者提出了"四可",即可爱、可信、可贵、可为的任务。

四是新时代青年教育当代价值研究。

新时代青年教育研究具有鲜明的理论特征和价值,学术界对于新时代青年教育的鲜明理论特征研究中比较有代表性的观点如下:一是该研究彰显出鲜明的战略性、时代性、针对性、民族性、实践性特征;二是认为新时代青年教育研究有着着眼现实、突出青年地位的时代性,立足于中国、聚焦青年问题的本土性,博采众长、指引青年成才的引领性。

学术界关于当代价值的研究内容也比较丰富。关于当代价值的阐述中,达成的共识有以下几点:一是认为新时代青年教育研究是马克思主义青年教育观的最新理论成果;二是认为该研究是当代青年健康成长的重要指导;三是认为该研究为国家未来发展提供了强大的青年力量支撑。除此之外,还有学者认为站在青年个体的角度,广大青年在新时代青年教育研究指导下成了时代的"弄潮者",无坚不摧,无往不胜。

当前国内外对新时代青年教育的研究取得了一定的成绩,学者们从不同的角度提出了自己的看法和观点,同时也为笔者进行更加系统和深入的研究奠定了扎实的基础,提供了宝贵的资源。

第三,研究现状评述。

通过对国内外相关学术成果的整理和分析,我们发现相当一部分的研究成果对我们进一步丰富和发展新时代青年教育研究的新理念、新战略有着重要的促进意义。与此同时,面对这些研究成果,我们仍然发现一些不足之处,亟须继续探索和加强研究。

一是大部分研究成果的资料收集和研究思路仍然停留在"新时代青年教育"这几个字眼上,可供参考和能被挖掘的资料比较局限,甚至存在一些重复性研究,这显然是与新时代青年教育研究的丰富内涵极其不符的。通过前面的研究综述我们可以发现,习近平的铸魂育人思想中必然也包括对青年群体的教育理念,我们可以对铸魂育人思想进行整合和提炼,使得新时代青年教育的研究更加完整和系统。

二是学科视野单一,基础理论单薄,未形成对比性研究。现有的研究成果大部分是基于政治高度对新时代青年教育进行总结和提炼。但是青年教育,不仅仅涉及政治学问题,还可以从多学科视角——马克思主义理论一级学科视角、社会学角度、心理学角度等辅助研究,尤其要站在历史的高度,对不同时期青年教育面临的问题进行分析对比,找出理论传承的内在逻辑。这是目前关于青年教育理论渊源这块的研究中比较缺乏的。

三是理论研究多于实践研究。大部分研究成果是从理论视角总结提炼出新时代青年教育研究的主要内容,虽然这对于新时代青年教育研究理论体系的构建起着至关重要作用,但现有的成果中缺乏相应的实证研究以及跟踪调查,实践研究较少。理论可以很好地指导实践,实践也能反过来促进理论的提升。

4. 研究思路

在忠实于新时代青年教育研究原意的基础上,笔者进行了新的尝试和探索。根据新时代青年教育研究自身理论要求和现实发展需要,笔者关于新时代青年教育研究的基本思路如下:

新时代青年教育研究形成条件—新时代青年教育研究的主要内容—新时代青年教育研究的鲜明特征—新时代青年教育研究的时代价值—新时代青年教育研究价值实现的路径选择。

任何新理论的形成都需要一定的理论基础和实践基础,新时代青年教育研究也正是在一定的时代背景下应运而生的,通过分析其产生的理论和现实依据对主要内容进行总结,再从内容中概括出鲜明特征,并从特征中提炼出时代价值,最后落实到价值实现的路径选择上。这一思路基本上完成了在实践中提炼新理论、由新理论再指导实践这一逻辑循环。

5.研究方法

笔者运用的研究方法主要包括：

一是文献分析法。梳理新时代青年教育研究的经典文献资料，围绕新时代青年教育研究关键词搜索整理讲话报告、学术著作、论文评述等，形成关于新时代青年教育研究的文献库和总体认识。

二是历史分析法。新时代青年教育研究是立足于马克思主义青年教育思想之上的，这就需要我们对每个历史阶段的青年面临的不同时代背景进行比对和分析，尤其是对新时代青年教育研究形成的理论渊源中的内在逻辑进行分析。

三是多学科研究法。新时代青年教育研究是立足于思想政治教育、马克思主义基本原理、青年发展理论以及社会心理学等多个视角进行的深入研究。

6.创新之处

本书力图在吸收已有新时代青年教育研究成果的基础上从相关概念到理论基础、现实依据、主要内容以及时代价值和价值实现路径，力争能够全方位立体地展开研究，主要尝试了以下几个方面的创新。

第一，研究视角的创新。综观现有的研究成果，大部分研究视角是从政治角度和青年教育理论角度展开的，本书则立足于多个视角，从思想政治教育和马克思主义原理、青年发展理论、社会心理学等多个视角对新时代青年教育研究进行深度的解析。

第二，研究资料来源的创新。学界大部分研究成果的资料来源主要集中在出现"青年"字眼的相关教育文献中，但是本文将研究视野扩大到关于意识形态、马克思主义理论教育、思想政治教育等各领域发表的新思想、新观点、新论断的资料收集。这部分研究视野的开拓使得新时代青年教育研究的内涵更加全面和丰富。

第三，推陈出新的撰写方式。新时代青年教育研究中关于理论渊源这部分，改变了以往研究中简单的资料罗列论述方式，通过逻辑分析来梳理新时代青年教育研究的起源以及和其他理论之间的内在逻辑。另外，在论述新时代青年教育研究的鲜明特征时，也创新地运用了哲学辩证思维来阐述理论特征之间的辩证逻辑关系。

第1章 新时代青年教育研究的形成

本章要论述的是新时代青年教育研究的形成,主要从三个方面展开:新时代青年教育研究形成的时代背景(国际背景和国内背景)、新时代青年教育研究形成的理论渊源以及新时代青年教育研究形成的现实基础。

1.1 新时代青年教育研究形成的时代背景

随着中国特色社会主义迈入新时代,国内外的形势变幻莫测,我们面临着新时代带来的各种机遇和挑战。新的历史特点下的中国为夺取最后的伟大胜利要居安思危,全面审视和研判国内外大局为我们做出理性的选择奠定了重要的基础。那么接下来本节将从影响新时代青年教育研究形成的国际、国内时代背景展开论述。

1.1.1 国际背景

当今世界发展离不开每个国家的共同参与,彼此相互促进,也相互制约。中国处在一个开放的世界环境里,面临着各种机遇和挑战。西方国家为了抑制中国的崛起和发展,不断采取各种手段进行阻拦。这种阻拦手段较之以往更加隐蔽,更加具有渗透性,通过文化、思想、价值观渗透对中国进行"和平演变",更是采用各种包装手段向崛起并撼动世界排位的国家兜售西方国家的体制优越感和意识形态。面对世界范围内的各种思潮和多元化价值观的冲击,对人才的抢夺成为一场"没有硝烟战争",而青年群体则是这场人才争夺战的主角。如何教育好广大青年群体? 如何让我们在这场世界范围内的人才争夺战中保持战斗力? 正是在这样的国际大环境下,新时代青年教育研究逐渐落地生根。

1.世界范围内意识形态领域的争夺战

新时代青年教育研究形成的国际环境中影响最大的就是来自意识形态领域的较量,西方霸权主义文化历来横冲直撞,企图瓦解他国文化,从而消解他国执政党的合法性。意识形态领域是关于党和国家命运的重要命脉，只有争取到意识形态的主动权才能在世界之林保持独立性。曾任美国中央情报局局长的艾伦·杜勒斯就曾居心叵测地认为，要腐化别国的青少年群体，通过侵蚀青年的思想和精神领域使他们成为社会的"害虫"甚至无耻之徒，那么就能战胜对方国家。

西方霸权主义对他国的霸权行为正如杜勒斯所言，多次发动过对别国的"颜色革命"，使得别国不战而败。人生观、价值观和世界观并未形成或处于不稳定阶段的广大青年在面对世界范围内多元化的思潮和价值取向时表现出流连忘返、充满好奇、跃跃欲试的神情。当前中国之所以要高度重视青年教育尤其是思想领域的教育，就是为了"抵住"西方国家在意识形态和文化方面的入侵，在"抵住"的基础上，通过我们自身的努力和坚守，完成"两个巩固"根本任务，推广和践行社会主义核心价值观，使得我们的中国精神和中国文化充满自信地、坚定地"走出去"。

何为"抵得住"？这是一场"持久战"，稍不留神就会满盘皆输，我们必须时刻打起精神，睁大双眼"守护"我们的意识形态领域。当前来看，西方国家的意识形态渗透和侵蚀从未间断，形式更加隐蔽，手段多样化，危害面更加庞大。杜勒斯就曾公开地说，无坚不摧的中国第一代、第二代是没啥指望了，但是"和平演变"有可能会发生在第三、第四代身上。倘若不掌握第三、四代培养、教育的主动权，那么整个国家就会陷入被动的局面。改革开放40多年来，我们为了发展经济实体提高综合国力，投身到世界经济浪潮中寻求更好的发展，积极与世界接轨，在经济接轨的同时，也会不可避免地触碰到不同政体国家的价值观和文化。西方资本主义国家，虎视眈眈周围大国的崛起，欲不断通过软文化等各种隐蔽方式对他国进行渗透以实现自己的政治目的。这种软文化的侵入远比真实的武器和条约更加直接有效，当年的苏联解体和东欧剧变就是败在意识形态的疏忽上。苏联在失去了意识形态领域的主权后，执政党的合法性被西方意识形态和价值观所消解，最后走向解体和亡国。这也是西方资本主义国家一贯的伎俩。如今他们将目光放在了逐步强大的中国，中国日益强大使得他们不得不故技重施，对我们进行价值观输入和渗透以实施图谋已久的"和平演变"。比如他们宣扬的"普世价值"论，就是鼓吹民主、自由、平等、人权等无条件无限制的永恒性和广泛适用性,尤其是打着维护"人权"旗帜干涉他国内政,忽略了他国历史性、民族性,一概而论地认为通向现代化的唯一出路就是接受西方的"普世价值观"。中国共产党始终坚定不移地警惕和反对"和平演变"。最具有杀伤力攻击性的"历史虚无主义"表面上以各种理由要求重新评价历史人物,实则意图褒扬负面人物、否定和抹黑英雄、颠倒黑白混淆视听;往深处走欲歪曲、否定中国共产党团结人民群众进行的一切改革和建设,否定中国特色社会主义道路的正确性,消解中国共产党执政的合法性,更是对马克思主义唯物辩证法和方法论的彻底否定。任何一种意识形态背后都有相应的制度支撑,意识形态的战争实质就是不同制度的较量。不管是"西方宪政民主""新自由主义""普世价值"还是"公民社会",多是在宣扬西方政治理念和意识形态,更是为消解其他国家的价值观的合理性而编造的具有毁灭性的价值倾向。这些来自西方政治集团的阴谋一旦扩散到青年群体,极可能引发广大青年对此类"意识观念"的追崇和效仿,甚者被居心叵测的敌对分子利用。一旦青年群体被利用,破坏力极其强大,令人担忧的不仅仅是经济的损失和秩序的混乱,更是从此错失了大环境带来的发展好时机。这是西方国家对中国展开的意识形态侵略战争的开端,后期随着中国综合国力提升和外交影响力的增强,进而可能触及更多别国的霸权利益,更多的战略围堵和文化抑制策略会以更加隐蔽方式对中国进行"围剿"。如何守住我们的意识形态阵地?如何帮助广大青年坚定正确的理想信念、坚持中国特色社会主义道路?这些都是立足于当前国际意识形态大环境下的现实思考,解决青年教育的问题迫在眉睫。

仅仅停留在"抵得住"阶段不足以彻底解决问题,在意识形态领域我们要化"被动"为"主动",坚定不移地通过文化认同方式提升文化自信,进而将中国优秀文化影响力扩散出去,面向全世界展示"中国精神",讲好"中国故事",传播当代中国的理念,增强中国对外的影响力。中国文化自古以来讲究"韬光养晦",但这并不代表我们不善于表达和展示自己,我们在努力建设自己国家的同时还要"主动"去向世界人民展示我们的"大同"理想,这种理想不是霸权也不是干涉他国内政,而是通过自身发展带动其他邻国发展,共建友好关系,相互扶持发展,发展出有别于"西方现代化道路"的中国道路模式,推翻"现代化即是西方化"的论调。在当下这个时代,"被动"模式已经不适合我们的发展,主动"走出去"就是要坚定自己的文化方向和价值力量,通过贡献类似"一带一路"等带动周边国家共同发展的理念来彰显"中国智慧"。要让中国文化"走出去"的关键就是坚定中国人自己的文化自信,尤其是坚定广大青年对自己民族文化的认可,让我们的青年与我们古老的文化和现代文化产生共鸣、获取滋养。面对西方国家在世界范围内"倾销"自己的价值、伦理和精神,我们的应对策略就是要自信满满地"走出去"展现中华民族优秀文化。我们经常能在许多重要场合,感受到习近平总书记对中国优秀传统文化如数家珍。他通过中国名言警句告诫教育广大青年,让广大青年对自己的文化产生深厚感情,在培育和践行社会主义核心价值观过程中逐渐产生文化自信。对自身文化有着深刻认同的广大青年走向世界各个国家,成为我们中华优秀文化的"代言人",积极传播和弘扬中国优秀传统文化和价值理念,这样也就自然由"守"转"攻"。

2. 人才竞争的争夺战

当今世界,国家之间的竞争,归根结底是人才的竞争。每个国家都深谙此理,求贤若渴,可谓不拘一格降人才。每个国家都竭尽所能在全世界范围内争取各个领域的人才,为自己国家建设添砖加瓦。处于新时代的中国,正在如火如荼地高速发展本国经济、文化、政治,对人才的需求尤为迫切。我国一方面利用各种优势、福利待遇和发展潜力来吸引其他国家的高端人才来华工作,另一方面高度重视教育,培养本土化的高素质、高学历、高科技人才来满足当前我国社会发展需求,为此也获得了前所未有的巨大成就。正是这样的巨大成就,引起了西方国家的注意,他们为了抑制中国的崛起,首先发动的就是人才争夺战。西方资本主义国家为了获取更大的经济利益以及扩大它们的文化和价值观的影响范围,实施大规模的"人才战略",抢夺各国优秀青年人才。如美国自称是个"大熔炉",不讲究出身、种族、肤色,性别等,只要是能为美国科技和社会发展做出贡献的高端人才,都可以成为美国公民。为此,全世界范围内的青年人才趋之若鹜,许多国家面临着大规模人才流失问题,中国也不例外。我们国家人才流失是有着特定的历史背景的,从 1840 年被西方列强用炮弹轰开国门后,西方列强以践踏中华大地为豪,不断强势输出"西方文化"。西方列强对中国的侵略,早就给我们的科技、哲学、政治、伦理和宗教带来了深刻的影响。即便我们现在赢得了民族解放和独立,甚至拥有一定的话语权,也仍然面临着西方国家在文化领域不断扩张的威胁。改革开放后，这种现象更为明显，随着出国留学深造机会越来越多，限制门槛越来越低，每年数以万计的中国青年通过各种途径走出国门，奔向西方社会学习深造。许多意志薄弱的年轻人一到海外就被西方社会与众不同的政治和人文环境所吸引，被那些民主、自由等价值观所俘获，并把这些价值观带回国内，倾心"西方文化"，大赞"普世价值"，对国内的一切都愤愤不平。然而，看似美好公平民主的政治和社会环境，实则只是为了吸纳人才为其所用。为防止人才过度流失影响我们现代化建设进程，我们也要立马行动起来，把青年人才作为我们争取和培养的主体，营造良好的青年发展大环境。对外我们必须改变文化领域"只进不出"的态势，提高中国文化在国际舞台上的竞争力，通过提升国家文化软实力来吸引外国人才加入我们中国梦建设大军中；对内则引导和培养本土青年人才的爱国意识，在拥有高端科技知识和技能的基础上培养他们的强烈民族和国家自豪感。我们要教育广大青年通过坚定自己的理想信念抵御国际国内一切不利于国家发展的各种声音，以大局为重，将个人梦想和国家梦想巧妙融合在一起，为实现祖国的"两个一百年"奋斗目标而努力。

众所周知，如今国际环境日益复杂多变，面对这一现实状况，我党不断思考如何更好地在国际大环境下做好青年教育。青年肩负着国家的前途命运，中国共产党一贯都很重视青年发展和教育问题。习近平总书记在 2017 年考察中国政法大学时强调，中国的未来属于广大青年，中华民族的未来也属于青年。2019 年 7 月 16 日，前往内蒙古大学考察的习近平总书记对青年学生寄予殷切期望，希望他们志存高远，增长才干，将来为中华民族伟大复兴贡献自己的智慧和力量。这些语重心长的话深深地影响了许多有志青年，激励着他们在各自的领域里不断努力奋斗。改革开放后，为了获取他国的宝贵发展经验，国家为青年人才参加国际交流提供了许多机会和优惠政策，鼓励广大青年勇敢走出去交流的同时，还叮嘱和教育广大青年要时刻不忘初心，要秉承以爱国主义为核心的民族精神回到祖国怀抱共同建设祖国美好的明天。青年强则国家强，以爱国主义为核心的民族精神在这 5 个年轻人身上体现得淋漓尽致，他们分别是：最年轻的核心研发人申怡飞，操控光子芯片的魔术师沈亦晨，中国民营火箭研发领头人舒畅，年轻的中国女学者刘明侦，还有解决世界百年难题的中国天才少年曹原。平均年龄不到 30 岁的青年才俊在各自的领域里不畏艰难,把握时机,为国争光,将个人梦想和祖国发展紧密联系在一起,即便是外出求学后学业有成,也不忘初心,坚定了自己的理想信念毅然回到祖国的怀抱,胸怀满腔爱国热情投身到祖国的伟大建设中。

1.1.2　国内背景

新时代青年教育研究的形成,还有着极为重要的国内背景。在新时代下,广大青年更需要正确的指引,而我们党应该要肩负起这样的责任。中国特色和中国元素的背景为新时代青年教育研究的形成提供了生存的土壤。

1. 中华民族伟大复兴的中国梦的深情呼唤

中国梦不仅仅属于国家、社会,更属于家庭、个人。在坚持中国特色社会主义现代化道路上、坚持传统与现代相融合的二元发展道路上,重视优秀文化的传承是我们开辟自己发展之路的精神瑰宝。这也是几代中国人坚持不懈奋斗的目标。随着社会进步,我们的社会主要矛盾也有了新的转变,意味着我们面临的现代化建设外在环境也有了深刻的变化。十九大后,我们站在了全新的历史方位,全面地展现了中国人民由"富起来"到"强起来"的时代风采。我们面临着要为新时代培养怎样的人才,如何培养人才,才能继续扛着"富"与"强"的大旗坚定地走在中国特色社会主义大道上的问题。我们需要社会各行各业的人才团结在一起贡献自己的力量,发扬中国精神,书写属于中国人自己的奋斗篇章。而各行各业人才的主力便是青年群体,中华民族伟大复兴离不开继往开来的几代年轻人的努力。只有广大青年积极地参与国家各项事业的建设,才能最终实现个人梦、国家梦。

中华民族的昨天、今天、明天可以描述成三句形象生动的诗:"雄关漫道真如铁""人间正道是沧桑"和"长风破浪会有时"。这三句诗形象生动地反映了几代人为中华民族复兴大业而奋斗的艰辛历程,也为中国的未来指明了发展方向。中国梦归根结底是民众的梦,也是每一个中华儿女的共同梦想,如此具有包容性的梦想正是凝结成千上万中国人为之奋斗的最大公约数。中国梦最大的特点就是体现了中华民族"家国同构"伟大情怀,每个人的前途命运和国家、民族的命运紧密联系在一起,坚定中国道路、弘扬中国精神、凝聚全国人民的力量,这必然要求有着坚定的道路自信、理论自信、制度自信和文化自信。而在这广大力量群里最为重要的是具有青春活力和无限可能的青年团体,他们年轻富有朝气,承担着振兴祖国的历史使命。然而,没有振奋的精神、没有高尚的品格、没有坚定的志向,自然也无法承担起如此重要的职责。我们不仅在物质上要强大起来,更要在精神上强大起来,对自己的文化充满自信,这样才能将中华文明薪火相传。要实现中华民族伟大复兴,必须把广大人民群众紧密地团结在一起,拧成一股绳,力往一处使。广大青年都要靠实干去实现人生理想,要脚踏实地、吃苦耐劳、勇往直前。广大青年群体作为国家建设的主力,将见证国家发展壮大的历史时刻。作为创造者又是享受者的当代青年,肩负着创造中国美好未来的重要责任。全党全社会都要肩负起教育广大青年的重任,使得他们在奋勇拼搏的路上不迷茫、不偏航。正是基于这些美好而坚定的期待,中国共产党人不断地总结和思考如何更好地引导青年成长成才,帮助广大青年将个人的梦想和国家的梦想融为一体,最终实现中华民族伟大复兴这一伟大理想。

2. 新时代下国内各种社会思潮风起云涌

随着中国的改革开放进程,当前中国正在经历伟大而独特的实践创新,这是一场深刻而影响远大的社会变革。尤其是进入新时代后,中国在全球各种思潮的影响下,出现了许多转型期所特有的问题:利益诉求多元化、社会矛盾凸显、社会思潮空前活跃。国内社会思潮纷纭激荡,主流与非主流、积极与消极、激进与保守此消彼长,而我们知道,各种外来和新颖的思潮最容易影响青年一代。他们热衷于追捧新鲜事物,对于新鲜事物和观念缺乏一定的判断力和鉴别力,容易被不利于我们意识形态教育的思想所左右,而意识形态领域更是我们锚铢必较的场地,任何对意识形态领域的忽视都会带来毁灭性的结局。不管社会思潮以何种方式出场,它的核心一定是政治思想。我们的思想意识形态领域中有红、黑、灰"三大阵地",分别代表主阵地、要消灭的阵地、要争取的阵地。我们要坚守红色主阵地,压缩并取缔黑色阵地以及大张旗鼓争取灰色阵地转变成我们的红色主阵地。新时代面临各种多元化的社会思潮,如何以社会主义相关理论来引领思潮的传播,抵御境内外敌对势力的"软文化渗透",把握思想舆论领域的主动权从而正确地引导青年群体成长成才是当前重要的课题。

中国青年政治学院陈立思教授认为，只有当一个国家面临诸多问题寻找解决思路，才会出现各种思潮的风起云涌，活跃的思想界酝酿着解决困局的转机，正所谓"思潮的产生，必定是为了回答和解决时代的重大问题"①。当前对社会有着广泛影响的错误社会思潮主要有：历史虚无主义、西方宪政民主、新自由主义、普世价值、实用主义、消费主义等。其中，作为青年聚集地的高校主要受历史虚无主义、实用主义、消费主义等社会思潮影响较大。历史虚无主义通过抹黑历史英雄人物、否定正面人物，企图消解执政党的合法性。许多影视娱乐作品为迎合年轻人追求新鲜刺激的感官享受爱好，不惜以戏说历史的方式通过自媒体和网络平台哗众取宠。另外，曾经一段时间社会盛行的"读书无用论"思潮，从实用主义的角度曲解和片面地认为读书无用，并将个人的自我价值无限放大，受到许多青年群体的追捧。随着改革开放越加深入，我们必然通过交流获取有用的资源，学习西方先进的科学技术和管理经验，但是对于文化领域一定要采取慎重的态度，批判吸收有益的部分，用马克思主义理论检验真伪并且及时进行辨别和纠正。判断一种思潮是否科学，最直接的方式就是看其是否符合马克思辩证唯物主义和历史唯物主义的观点。再比如当下西方宣扬的"普世价值"，就是鼓吹民主、自由、平等、人权等无条件、无限制的永恒性和广泛适用性，尤其是打着维护"人权"的旗帜干涉他国内政，忽略了他国历史性、民族性，一概而论地认为通向现代化的唯一出路就是接受西方的"普世价值观"。

当《共产党宣言》发表，"一个幽灵，共产主义的幽灵，在欧洲游荡"的时候，"马克思学说决不是占统治地位的。它不过是无数社会主义派别或思潮中的一个而已"②。任何思潮出现都需要经历一个过程，被鉴别、被认可或被否认的过程，最终能留下来并被大众接受的思潮必然能够给当时的社会发展带来促进作用。许多非主流的社会思潮随着社会实践的检验逐步走向主流地位，许多开始被认为是错误的思潮经过实践的检验最终也被认可。因此，主流与非主流、正确与错误这些状态是共生的，必然经由社会实践这一特定的标准进行检验。那么社会思潮究竟如何产生以及怎么传播呢？社会存在决定社会意识，各种社会

---

① 陈立思. 社会思潮与青年教育［M］. 北京：北京大学出版社，2011：37.
② 中共中央马克思恩格斯列宁斯大林著作编译局. 列宁选集：第2卷［M］. 北京：人民出版社，2012：305.

思潮的思想理论基于当时的社会发展状况由处于时代先锋的活跃思想家提炼总结,这样的思想理论是否能成为引领当时社会的主流思潮则取决于其是否能引起不同阶层的共鸣,是否符合不同阶层的情感需求,再通过一定的传播渠道扩散到人群中形成思想联盟,从而影响整个社会的价值取向。这里涉及的传播渠道有三个等级,由高到低依次传播。最高级别的自然是思想理论的"发源地",一群思想理论家或政客,他们通常是富有敏锐思维和伟大抱负的智囊团,各种社会思潮都从他们那得以产生,第二个级别也就是所谓的知识分子群体,主要包括一些富有激情和远大理想的青年群体,他们属于有教养、有知识的先进群体,通常是高校青年教师或者思想活跃的大学生们。从思想家们那里传播过来的思想、理念经过他们的吸收、消化,将抽象的思维具体化、通俗化,再通过讲座、文艺作品、文章著作等方式转向普通大众。作为社会思潮的终端接受者,普通大众对思潮的接纳度是随大众去个性化。因此,我们对社会思潮的把控关键在于第二级别,也就是活跃的青年群体。他们有着较强的思辨能力,也善于思考,属于社会思想传播的中坚力量,得到他们的支持和肯定必然对我们的意识形态建设有着重大意义。

正是在这样的一个多元化思潮背景下,我党高度重视青年群体的思想动态,强调必须把统一思想和凝聚思想力量作为思想建设的中心环节。全社会要以社会主义核心价值观来引领新时代社会思潮走向,以马克思主义求真务实的态度,运用正确、科学的方法论和世界观、价值观来辨别真伪,坚持真理、澄清谬误,尤其是要重点关注和引领青年群体的思想动态,以确保青年一代有着正确的思想引领,为确保中华民族伟大复兴的中国梦得以顺利实现奠定良好的精神基础。毫无疑问,新时代青年教育研究为新时代引领社会思潮提供了明确的方向和具体的实现路径。

3. 人民对幸福生活的美好向往

衡量一个国家或时代的优越性要看人民是否过着幸福美好的生活。在这里,幸福美好生活不仅是物质方面的富裕还包括与之相匹配的精神文明状态。历史车轮从最早的原始社会驶入社会主义阶段,人民饱尝艰辛和不易,始终在追寻着幸福而美好的生活。从最早的生产力低下、基本的温饱问题无法解决到人民现在追求物质和精神两方面平衡的生活状态。毫无疑问,人民做出了正确的政治选择。在确定社会主义制度之后,在国家一系列方针政策制定、经济文化建设等方面,党和政府始终坚持马克思主义群众路线,始终站在最广大人民群众的根本立场上,从群众中来到群众中去,依靠群众又服务群众,积极倾听群众的真实需求并给予及时的反馈。

中国共产党一向重视人民群众的根本需求,也始终把人民群众的利益作为制定各项政策法规标准的依据。毛泽东就曾告诫全党:"一切群众的实际生活问题,都是我们应当注意的问题。假如我们对这些问题注意了,解决了,满足了群众的需求,我们就真正成了群众生活的组织者,群众就会真正围绕在我们的周围,热烈地拥护我们。"①随着社会生产力的高度发展,人民物质生活水平有了较大的提高,尤其是进入 21 世纪后,科技经济社会发展迅猛向前,人民对幸福生活的要求不再仅仅停留在物质层面,中国共产党该如何继续努力才能获得人民群众一如既往的支持呢?这也是给党和政府的巨大考验。胡锦涛同志就曾指出:"只有顺民意、谋民利、得民心,才能得到人民群众的支持和拥护,才能永远立于不败之地。"②这也给中国共产党人在服务人民群众的实践中,指明了方向:要想获得民心,只有不断关注人民群众的根本需求,为人民群众谋取最根本的利益。这也成为我党执政的重要目标。

十九大报告指出,中国特色社会主义进入新时代,我国社会主要矛盾已经转化为人民日益增长的美好生活需要和不平衡不充分的发展之间的矛盾。这是基于当前中国现实国情、社情、民情而总结出来的,人民有着日益增长的美好生活的真实需要,但是鉴于当前精神文明建设和其他软文化建设还处于发展阶段,不一定能充分满足人民对美好生活的实际要求。习近平同志高度重视人民的这一需求,也多次下基层调研走访,听取民意,在一线了解民众的真实想法。他郑重指出:"人民对美好生活的向往,就是我们的奋斗目标。"③2021 年,我国脱贫攻坚战取得了全面胜利,这足以载入史册的成就向全世界证明了中国共产党领导和中国特色社会主义制度的正确性和优越性。另外,习近平同志早在

① 毛泽东.毛泽东选集:第 1 卷[M].北京:人民出版社,1991:137.
② 胡锦涛.在"三个代表"重要思想理论研讨会上的讲话[N].人民日报,2003 - 07 - 02 (1).
③ 中共中央文献研究室.十八大以来重要文献选编(上)[M].北京:中央文献出版社, 2014:69.

2016 年就指出："平安是老百姓解决温饱后的第一需求,是极重要的民生,也是最基本的发展环境。"①这些都是人民群众反映强烈、最真实的生活需求,要把人民的事情当作自己的事情,把群众的小事当作自己的大事。2015 年 4 月,习近平在庆祝"五一"国际劳动节暨表彰全国劳动模范和先进工作者大会上也曾做出重要指示:"要面对面、心贴心、实打实做好群众工作。"②把广大人民群众生活中最真实的基本需求放在首位,不仅是党和国家对人民美好生活向往的基本保障,更是履行承诺深入群众、获取群众信任的重要方式。只有"面对面"前往一线、深入基层,才能和广大群众"心贴心",最后才能做到雪中送炭,"实打实"解决迫切的问题。这一认识是基于全党对全国人民的承诺,也反映了广大人民群众的迫切愿望。

承载着全国人民的期待和希望,我党一直在思考和探索实现带领全国人民迈向美好生活,怎么去做,怎么去落实,靠谁去落实等一系列重要问题。在帮助广大人民追寻幸福美好的生活这一过程中,青年群体责无旁贷。青年作为推进国家和社会发展的中坚力量,要为此做出巨大的贡献和努力。基于此,广大青年要"扎根中国大地了解国情民情",然后还要"在为群众服务中实现自我价值"。这样一来,广大人民对美好生活的向往与青年群体的自身价值实现就能很好地结合起来,为青年自身发展指明了方向,也丰富了青年自我价值的实现渠道。

一言以蔽之,新时代青年教育研究的形成,不仅有着深厚的国际国内背景,也融合了对青年具体问题的深入思考。在这双管齐下的目标驱使下,扎根于中国土壤的新时代青年教育研究逐渐走向成熟和完善,青年教育理论来源于实践又作用于实践,不断验证和探索,最终一定能绽放出绚丽的花朵。

---

① 中共中央宣传部.习近平总书记系列重要讲话读本[M].北京:学习出版社,2016:223.

② 习近平.在庆祝"五一"国际劳动节暨表彰全国劳动模范和先进工作者大会上的讲话[N].人民日报,2015-04-29(2).

1.2　新时代青年教育研究形成的理论渊源

新时代青年教育研究的理论渊源分析,不仅包括了对前人理论的罗列概括,更要从深层次探索这些理论资源有着怎样的逻辑关系。通过渊源分析来追溯新时代青年教育研究形成的理论基础,既可以避免简单观点的罗列也可运用深层次的逻辑分析,总结出新时代青年教育研究同这些文化理论有着什么具体的关联,新时代青年教育研究对这些理论渊源和文化资源有着什么样的逻辑传承和自我突破。

逻辑是对事物之间本质关系的规律性把握,尤其是在社会科学领域的研究。我们不仅要做好基本概念研究、构建内容体系,更要讲清楚理论逻辑上的来龙去脉,尤其是要厘清历史传承和时代赋予的精神实质的逻辑关系。在这里我们用逻辑来分析新时代青年教育研究同以往理论基础和思想文化之间的关系,就是为了避免落入纯理论分析的盲目和牵强附会。要把新时代青年教育研究放在历史传统和逻辑关系这两个重要的维度里,阐述清楚该理论形成的前因后果等内在逻辑,以及该理论之所以能成为我们青年教育的圭臬的必然性与必要性。探讨新时代青年教育研究的理论逻辑就是要探讨它的传统和创新。创新是对传统的继承和反思,正如我们所感受到的,党的十八大以来,青年们沐浴在清新的意识形态氛围里。无论是象牙塔的青年学子还是社会圈里奋斗的青年才俊都被这样"像空气一样无所不在无时不有"和贴近生活、贴近实际的思想氛围所吸引。意识形态氛围的形成必然离不开我们对传统的坚持和发展,理论渊源逻辑分析也是沿着构成传统的三个维度而展开的。一是中国古代文化中关于青年教育思想的继承。它具有全民族集体潜意识的传统,可谓是根深蒂固地影响着我们世世代代,这些传统是最广为人知的哲学理念、政治思想、文化底蕴、精神内涵、道德规范等。二是马克思经典著作中的关于育人以及青年教育的科学理论传统,有着最基本的马克思主义的基本立场和方法原则。三是马克思主义中国化传统,指的是在有着马克思主义鲜明旗帜的观点和原则指导下,中国共产党人形成的具有中国特色的青年教育理论。探讨新时代青年教育研究形成的理论渊源,就必须立足于这三个维度展开逻辑分析。

1.2.1 对马克思列宁主义青年教育思想的坚持和发展

恩格斯曾经说过："历史从哪里开始,思想进程也应该从哪里开始。"①列宁还强调,"在社会主义条件下,思想政治教育必须保证无产阶级的意识形态占领学校阵地,加强对青年学生的思想政治教育"。② 马克思列宁主义青年教育思想作为新时代青年教育研究的直接理论起源,包含着不同视角下丰富的青年教育理论,有着逻辑严密的青年教育思想体系。

第一,坚持和发展马克思列宁主义青年教育理论的哲学基础。

辩证唯物主义和历史唯物主义是马克思列宁主义青年教育理论的特有哲学属性。笔者认为新时代青年教育研究坚持了马克思列宁主义青年教育的哲学基础,主要可以从以下三个方面进行分析。

首先,新时代青年教育研究坚持和发展了马克思列宁主义青年教育的唯物主义哲学立场。彻底的唯物主义者是作为一名马克思主义者必须具备的基本条件。马克思列宁主义的历史观和唯心主义的历史观有着本质的区别,马克思主义者"不是从观念出发来解释实践,而是从物质实践出发来解释观念的形成"③。青年教育是建立在一定的物质基础之上的对青年精神活动和思想灵魂的本质要求。任何形式的上层建筑(情感、情绪、思想或价值观等)都必须通过一定的社会条件和占有形式表现出来。习近平总书记经常激励广大青年在实现中国梦的历史进程中来实现自身的青春梦想。可见,习近平总书记将青年思想教育与国家现代化建设和民族伟大复兴紧密结合在一起,也唯有在伟大的历史实践中广大青年才能实现成长成才的梦想。这与他在全国宣传思想工作会议上的纲领性讲话体现的唯物主义观是一致的。中国现代社会发展的一切重大成果都是历经实实在在的努力在奋斗中产生的,离开社会实践去谈理想价值和思想建设,都是伪命题。尤其是我们当前正处于"两个一百年"的关键时期,

---

① 中共中央马克思恩格斯列宁斯大林著作编译局.马克思恩格斯选集:第2卷[M].北京:人民出版社,1995:43.

② 中共中央马克思恩格斯列宁斯大林著作编译局.列宁全集:第4卷[M].北京:人民出版社,1995:283.

③ 中共中央马克思恩格斯列宁斯大林著作编译局.马克思恩格斯选集:第1卷[M].北京:人民出版社,1995:73.

自然离不开经济建设这个中心工作来为我们思想教育提供扎实的物质保障。所以，对青年思想教育工作进行总体定位时，自然会帮助青年深刻认识到经济建设和实体经济在发展中的重要位置，继而再谈思想教育的重要性。

其次，新时代青年教育研究坚持和发展了马克思列宁主义青年教育的辩证法则。"关于普遍联系的科学"是对辩证法最高的评价。辩证法是用发展的、全面的眼光来看待事物，万事万物都是不断发展、不断进步的，不能用静止的眼光看待眼前的事物。其核心就是矛盾两方面的对立统一，中国古代哲学文化中的"一阴一阳之谓道"就是辩证法。唯物辩证法告诉我们要用全面的而非片面的、本质的而非表面化的、联系的而非孤立的、发展变化而非静止的眼光来看待万事万物。推进当前青年教育工作就是要遵循这样的辩证思维，站在辩证唯物主义思维的高度看待当代青年的思想现状，并结合国内外的思想潮流走向，占据主动地位，通过符合青年发展规律的教育活动来凝聚广大青年的思想，极力克服在教育青年成长成才中出现的极端化、片面化的问题，确保广大青年思想教育工作有条不紊、循序渐进、科学化全面开展。离开了辩证法的唯物主义和离开了唯物主义的辩证法都犹如瘸腿前行，两者相辅相成、缺一不可，这是我们当前开展青年教育工作必须坚持的重要哲学基础。新时代青年教育研究理论中富含辩证唯物主义思维，呈现了许多体现马克思主义辩证法理论的智慧论断。

最后，新时代青年教育研究坚持和发展了马克思列宁主义青年教育理论的全面发展观。马克思、恩格斯认为，从青年教育的目的来看，应该促进青年的全面成长，使之成为共产主义者。《共产党宣言》中也明确提到"每个人的自由发展是一切人自由发展的条件"。他们认为，教育的重点就是应该抓住青年的思想教育。要让青年在无产阶级革命中发挥重要作用，就必须加强对青年的思想教育。2014 年 5 月 4 日，习近平在北京大学师生座谈会上，对广大青年提出了"勤学、修德、明辨、笃实"的"八字诀"要求，并鼓励广大青年要遵循社会主义核心价值观，在伟大社会实践中创造自己的丰富人生。在这里，社会主义核心价值观被提到了帮助广大青年建功立业的重要高度，就是要鼓励青年从学习、道德品质、价值观和行为规范等方面严格要求自己，全面发展自己，不仅要扎扎实实学好知识本领，还要"明大德、守公德、严私德"，而且要善于明辨是非，勇于做抉择，最后更要踏踏实实做事、实实在在做人，从而达到知行合一，实现自己的全面发展。我们在高校开展思想政治教育工作,实际上就是要以广大青年学生为核心,本着服务学生的态度来引导他们成为一个思想水平高、政治觉悟高、思想品德过硬的全面人才。

第二,坚持和发展马克思列宁主义青年教育理论的根源理论。

马克思列宁主义青年教育理论及其实践的论述主要集中在三个根源:社会、政治和价值。新时代青年教育研究同样也秉承了马克思列宁主义青年教育理论的根源论述。

首先,坚持和发展马克思列宁主义青年教育理论的社会根源。青年思想教育的对象是人,人必须是社会中的人,才可以谈发展和生存。青年教育活动是具有社会属性的组织活动,必须在社会实践中发展,也就是说我们谈论青年教育也好,自然思想教育也好,都必须存在社会中才能进行。社会结构可分为劳动生产和精神生产,思想教育活动属于精神生产范畴,也是协调各种社会利益关系的重要手段。思想教育活动通过致力于社会利益条件,唤起人们的精神和灵魂需求使得社会群体团结在一起。然后随着社会分工的多样化,社会利益关系愈加复杂,又不得已出现思想教育整合社会关系的社会根源。而新时代青年教育研究正是秉承了这样一个社会根源思维,如在全社会推行积极培育和践行社会主义核心价值观,使得青年群体通过同样的理想价值观念凝聚在一起,从而实现社会发展的需求,促进劳动生产领域的发展,带来的物质经济繁荣。

其次,坚持和发展马克思列宁主义青年教育理论的政治根源。马克思、恩格斯曾经指出:"统治阶级的思想在每一时代都是占统治地位的思想。"[①]只要有国家存在,政治舞台上必然少不了各种意识形态的斗争,具有阶级性特色的思想观念通过思想教育来形成群体性的观念和群体性利益,从而为阶级政权服务,这个是人类政治文明发展史的规律。尤其在意识形态领域占据统治地位的观念必然是明确的,不存在模棱两可的状态。思想领域的防线是我们的底线,一旦被攻破,后果不堪设想。我们知道当前西方意识形态打着各种"自由、民主、美好"的幌子来吸引各国人才趋之若鹜,事实上每个国家的意识形态都有政治性和阶级性,不存在完全独立于政治之外的意识形态。随着我们国家综合实

---

① 中共中央马克思恩格斯列宁斯大林著作编译局.马克思恩格斯选集:第1卷[M].北京:人民出版社,1995:551.

力的提升,西方国家对我们的发展虎视眈眈,企图通过意识形态等文化渗透来侵蚀我们的思想底线。他们把目光放在了少不更事的年轻一代身上,因此,我们的重点工作任务就是牢固掌握当前各种思潮的发展和走向,积极主动地去引领青年群体的思想发展。只有掌握好了意识形态的主动权和主导权,才能打赢这场无硝烟的思想之战。新时代青年教育研究中许多关于青年思想教育的论调就是对马克思列宁主义青年教育理论政治根源的坚持和发展。

最后,坚持和发展了马克思列宁主义青年教育理论中的价值根源。人的本质是在社会关系互动中体现的,人也只有在社会条件下才能进一步成长和发展。我们知道个体成为社会成员的一分子必然要通过学习社会化需要的知识、技能、道德规范、法律等。学习渠道和方式可以是正式的校园学习、非正式的集体学习以及社会环境提供的学习机会等等,而其中建立在知识技能基础上的思想教育可谓是社会化的关键,这是使得一个人成为社会人的重点环节。如饥似渴地学习是青年阶段的关键任务,学习方式不能局限于书本知识,还要放眼周围的一些事物和规律,尤其是人生宝贵经验和社会阅历。一旦人成为真正的社会人之后,就要朝着全面发展的目标前进,使自己成为一个对社会、对国家有实用价值的个体。但是社会化并不是去异化,每个人都有权利保持自己的特色,形成多样化的人,从而实现各自不同的价值。那么实现人的自由全面发展就是马克思列宁主义青年教育理论里所谈到的教育的最终目的。新时代青年教育研究坚持和发展了这一价值根源,号召广大青年,勇于走进社会大熔炉,把握机遇,迎接挑战,要在社会大课堂中学习有利于自己成长的知识,尤其是一些"无形"的知识。广大青年要将所学的知识反哺社会,承担起一定的社会责任,在贡献自己的同时实现个人价值。个人如何通过提升和内化来实现自由全面的发展呢? 这就需要我们的教育工作者,尤其是我们的思想政治教育工作者本着关心和服务青年的原则,多渠道地开展青年教育活动,提高广大青年的思想水准和道德品质,从而使得他们实现全面发展。

第三,坚持和发展马克思列宁主义青年教育理论的方法原则。

新时代青年教育研究中对马克思列宁主义青年教育方法原则的坚持包含两点:一是始终坚持马克思主义经典理论的学习;二是坚持理论联系实践,没有实践对真理的检验,真理不可能成为真理,更无法指导实践。列宁认为"工人本来也不可能有社会民主主义的意识"①。普通民众当中不可能自发产生先进的思想理论,"这种意识只能从外面灌输进去"②。尤其是像马克思主义经典理论和思想原理这样的先进理念应该要有意识地灌输到人们大脑。习近平总书记叮嘱广大青年必须要积极主动地"掌握马克思主义的世界观和方法论"③,要求广大青年在社会实践的过程中,用理论指导实践,用实践来检验理论。要运用马克思主义的世界观和方法论,结合中国实际情况认真解读中国化的社会主义理论,如毛泽东思想、邓小平理论等,求得真学问的方式只有下苦功,这也是通往真理的唯一途径。除此之外,广大青年只有在积极投身于祖国建设的伟大实践中对理论知识进行求证和检验。广大青年应该投入实践中实现理论和实践的完美结合,在社会主义伟大实践中贡献自己的智慧和力量。

1.2.2　对马克思主义中国化青年教育思想的继承和发展

马克思主义中国化青年教育思想理论体系指的是毛泽东思想、邓小平理论、"三个代表"重要思想、科学发展观以及习近平新时代中国特色社会主义思想等重大战略思想在内的科学理论体系。每个思想体系的形成必然经过一个漫长的丰富过程,马克思主义中国化青年教育思想也是一个不断发展的动态过程,有着清晰的逻辑思维主线和立场坚定鲜明的政治旗帜。这个逻辑思维主线就是要为中国经济社会发展和各项伟大事业的建设时刻储备人才力量,培养和凝聚广大青年人才是当前的重要课题,要始终高举中国特色社会主义伟大旗帜,将广大青年团结在中国共产党的领导下。

立足于马克思列宁主义青年教育思想中国化和时代化的历史进程来看,新时代青年教育研究是对这个系列思想成果的继承和发展,为推进中国特色社会主义伟大进程提供青年教育的人才培养策略。因此,本节将梳理和分析马克思主义中国化青年教育思想理论体系与新时代青年教育研究之间的理论逻辑

---

① 中共中央马克思恩格斯列宁斯大林著作编译局.列宁选集:第1卷[M].北京:人民出版社,2012:317.

② 中共中央马克思恩格斯列宁斯大林著作编译局.列宁选集:第1卷[M].北京:人民出版社,2012:317.

③ 吴晶.习近平在北京高校调研时强调:高校党建要继续坚持和贯彻好正确指导原则[N].人民日报,2012-06-21(3).

关系。

第一，对马克思主义中国化青年教育思想理论体系中核心教育总体定位的继承和发展。

历来的青年教育核心是什么？尤其是开展具体的青年教育工作时，对青年教育工作的总体定位会根据不同的历史阶段有着不同的重心，但是始终保持核心地位的就是关于青年的"思想政治教育"，这也是青年教育工作的重点。我们重视青年不仅要重视青年教育，更要把思想政治放在第一位，没有坚定的政治方向，青年很难有所成就。1957 年 2 月 27 日，毛泽东同志在《关于正确处理人民内部矛盾的问题》中谈到，知识分子和青年学生除了学习专业之外，在思想上要有所进步，政治上也要有所进步，这就需要学习马克思主义，学习时事政治。没有正确的政治观点，就等于没有灵魂。毛泽东同志之所以如此重视青年的思想政治教育，是因为在他看来，青年是一个时代的主力军，但是他们人生经验尚不足，各种价值观念没有形成稳定状态，倘若不用马克思主义思想加以引导，很容易走向极端，被外国势力利用，给国家的发展造成不可估量的破坏。因此，毛泽东时代的青年教育强调把"青年的思想政治教育"放在首位，培养根正苗红的社会主义事业接班人。1980 年，邓小平在给《中国少年报》和《辅导员》杂志的题词中首次提出"希望全国的小朋友，立志做有理想、有道德、有文化、有纪律的人"（四有新人），这是在继承并发展毛泽东同志青年观基础上结合当时社会发展提出来的，一如既往地重视青年、重视人才的教育思想。"四有新人"标准中放在首要位置的就是"有理想"。这一理想信念就是基于对马克思主义思想的继承和发展，将青年的政治立场和思想道德放在了重要位置。1993 年，江泽民同志在全国宣传思想工作会议上明确指出，我们的思想工作要以科学的理论武装大脑来培育"四有新人"。尤其在谈到青年思想教育工作开展的重要性时，他认为要坚持用马克思主义思想来武装青年，把青年培养成社会主义"四有新人"。胡锦涛同志的青年教育观是在继承和发展前人青年理论基础上与当前中国青年教育具体实践相结合的理论产物，仍然把"青年的思想政治教育"作为青年教育的首要任务。胡锦涛认为要积极推进马列主义青年教育思想的中国化并且赋予其新的内涵。他在共青团工作会议上指出，要把马列思想教育作为对广大青年的核心理想信念教育，增强他们对马克思主义的信仰，并形成正确的人生价值观。

再到 2018 年 5 月 2 日,习近平同志在同北京大学师生座谈时指出,加强思想政治工作体系建设,是形成高水平人才培养体系的重要内容。要不断提高学生思想水平、政治觉悟、道德品质、文化素养。我们知道当前社会的发展,除了经济领域你追我赶,在意识形态领域也存在着长期的无硝烟战争,这使得我们不能放松警惕。广大青年群体作为国家发展的重要主力,他们的意识形态和思想观念尤为重要,同时也是西方敌对势力觊觎的对象,他们企图通过瓦解广大青年的理想信念根基从而达到文化和价值侵略的目的。习近平总书记继承马克思主义中国化青年教育思想理论体系,依据我们当前所处的历史方位,准确地研判出青年教育所面临的问题以及如何给予有效的解决方案。

第二,对马克思主义中国化青年教育思想理论体系中主要内容思想的继承和发展。

毛泽东青年教育思想观作为马克思主义中国化青年教育思想理论体系的先驱,开了重点关注青年成长和教育的先河。在革命时期,毛泽东同志特别强调了青年的思想政治教育的重要性,尤其在物资匮乏、经济基础落后的年代,毛泽东同志强调青年教育应该是思想政治教育和科学技术教育的结合。在新中国建立后不久,毛泽东同志对共青团做出了指示,要求他们引导好青年认真学习思想理论和科学文化知识,百业待兴,青年责无旁贷。这样才有了我们后面熟知的"好好学习,天天向上"以及"好好学习,努力为人民服务"。再到改革开放时期,随着国家加强对外交流,青年面对的社会环境愈加复杂。邓小平同志在继承以往的青年教育思想的基础上结合中国具体实践提出培养"四有新人",也就是说除了德育和文化教育是青年教育的重点之外,还把纪律教育提升到与理想教育同样重要的地位。他强调纪律是理想的调节器,没有纪律下的理想无法实现,我们这么一个庞大的国家更是需要纪律才能把人给团结起来、组织起来,所以纪律和理想一样重要,缺一不可。只要坚守理想信念和纪律,我们就不会像过去旧中国那样一盘散沙。"有理想,有纪律,这两件事我们务必时刻牢记在心。"① 江泽民同志提出要重视理想信念教育,把精神文明建设和马克思主义以及共产

---

① 邓小平.邓小平文选:第 3 卷[M].北京:人民出版社,1993:112.

主义的理想信念教育结合起来,在全社会加强社会主义思想道德建设。后来,胡锦涛同志继承和发展了"思想政治工作是经济工作和其他一切工作生命线",提出"要坚持政治理论教育与社会实践相结合"①的观点,引导和帮助青年真正接受马克思主义中国化青年教育的最新思想成果。正如胡锦涛同志指出,我们所见到的当代青年有着科学知识、高尚的精神,在伟大实践中不断锤炼自己,"正在成为有理想、有道德、有文化、有纪律的一代社会主义新人"②。马克思主义中国化青年教育思想理论的精神实质也随着社会时代变迁而不断调整和丰富,青年教育内容也不断与时俱进,从最初的马克思主义信仰到社会主义核心价值观,从社会主义精神文明建设到社会主义法治建设、社会主义生态文明建设等。当前,新时代青年教育研究立足于培养社会主义事业合格接班人,就青年教育内容有着与时俱进的见解和方案,解决了当下广大青年信仰问题。正是通过对这个问题进行集中思考,使得马克思主义在青年群体意识形态领域的指导地位得到巩固,尤其是形成和坚定了广大青年团结奋斗的思想价值基础。从这个意义上讲,新时代青年教育研究继承和发展了马克思主义中国化青年教育思想理论体系的内容主题,并结合时代特征来正确引导当代青年成长和成才。

1.2.3　对中华传统文化中青年教育思想的弘扬和发展

习近平总书记曾指出:"弘扬中华优秀传统文化,就要处理好继承和创造性发展的关系,重点做好创造性转化和创新性发展。"③由此可见,弘扬中华优秀传统文化对于新时代青年教育的重要性。

第一,弘扬中华优秀传统文化对于增强当代青年文化自信有着重要作用。

文化的力量是一个国家综合竞争力的文化软实力,这种软实力以"润物细无声"的方式渗透在政治、经济、社会力量当中。文化自信是其他三个自信的坚

---

① 李学仁. 胡锦涛在全国加强和改进大学生思想政治教育工作会议上发表重要讲话强调:进一步加强和改进大学生思想政治教育工作,大力培养造就社会主义事业建设者和接班人[N]. 人民日报. 2005 - 01 - 19(1).
② 胡锦涛. 为开创中华民族全面振兴的新世纪贡献青春智慧和力量:在全国青联八届一次会议和全国学联二十二大上的祝词[N]. 人民日报,1995 - 07 - 19(1).
③ 习近平在中共中央政治局第十三次集体学习时强调:把培育和弘扬社会主义核心价值观作为凝魂聚气强基固本的基础工程[N]. 人民日报,2014 - 02 - 26(1).

实基础,也是中国特色社会主义道路的标志性属性。文化自信除了带来对自身文化的认同之外,还能彰显文化主体的心理优越感从而坚定行为。这种心理优越性和行为坚定性就根植于中华传统文化中。中国传统文化有着几千年的历史,漫漫长河中,我们的文化历经了时间的洗礼和考验,凝聚了先哲们的集体智慧,有的文化甚至实现突破超越,至今仍然具有重要影响力。比如中国的儒家文化,与基督文化、伊斯兰文化和印度文化共同实现突破穿越,经久不衰,被认为是全球四大文化体系之一。当代青年文化自信的重要性不言而喻,习近平总书记就曾指出:"文化自信,是更基础、更广泛、更深厚的自信。"①尤其是当前多元化社会思潮交织的今天,青年倘若能从中华优秀传统文化中汲取适当的养分并且有着长期稳定的精神食粮,就能促进我们当前意识形态工作有条不紊地开展,进而带来整个国家的稳定繁荣。近年来,随着改革开放进程的深入,经济建设带来的物质丰富已经让绝大部分中国人摆脱了对食物的匮乏感。然而跟着改革开放而来的文化战争也悄然兴起,这种文化战争主要是以西方国家为首的文化输出、文化植入,而广大青年则成为他们竞相争夺的对象。广大青年处于这么一个多元化的世界,对一切事物都是新鲜的,涉世不深的青年很容易被表面的现象事物所吸引并受到潜移默化影响,最典型的就是关于影视、音乐等文化输入的影响。尤其是西方国家宣传的人权、民主和自由,一些包裹着美好愿景却不怀好意的文化作品深受广大青年的喜爱,"民主和自由"并非就是人人都有投票权和想说什么就能说什么的臆想伊甸园。西方推崇的"个人主义"盛行并喊出口号要取代"集体主义",显然这是图谋不轨的价值观大战。而国内一些影视作品宣扬"告别革命"和"历史虚无主义",甚至为了达到娱乐大众效果,"恶搞"历史伟人和英雄,这在很大程度上影响了青少年的健康成长,误导了青少年的价值取向,甚至让青少年对中国传统美德和革命历史故事产生了质疑和反感。从世界历史教训来看,苏联亡党亡国很大原因就在于错误思潮的侵蚀,否定了自己的历史,否定了历史伟人,进而否定当前的政治体制,冲毁了人们社会主义理想信念的堤防,消解了执政党执政的合理合法性。面对复杂多变的国内外环境,当代中国有条不紊地进行深化改革是中国共产党领导下的重要命

① 习近平.在庆祝中国共产党成立95周年大会上的讲话[N].人民日报,2016-07-02(2).

题。显然,我们可以从中华民族优秀文化中找到宝贵的思想资源来指引广大青年的价值取向,通过增强广大青年的文化自信来抵挡西方文化中意识形态的侵略。因此,新时代青年教育研究的形成就是为了解决广大青年的文化危机,从中华优秀文化传统中寻找到文化支撑。

此外,弘扬中华优秀传统文化对于增强当代青年文化自信具体表现在:让青年在文化自信中,自然而然成为真正的"中国儿女",形成"中国精神"并让这些文化符号内化成为当代青年的精神价值。什么是"中国精神"?准确地说也是一种文化精神,代表着中国特色的精神力量,它与"时代精神"是同步的。它们都深深地根植于中华优秀传统文化和现代社会主义先进文化中。五千年文明历史孕育下的中华传统文化,以及在历史演化过程中产生的社会主义先进文化,饱含着中华儿女的本质精神追求,具有独特性的精神标志。随着综合国力的提升和国际影响力与日俱增,中国在世界舞台上发挥着重要的作用。面对国际错综复杂的政治环境和各种势力的文化思潮渗透,我们要弘扬中华优秀传统文化中的积极资源来促进当代青年思想教育,从而增强广大青年的文化自信。

第二,弘扬中华优秀传统文化对于落实社会主义核心价值观以及实现中国梦有着重要作用。

当代青年的教育工程是一项固本工程,更是一项文化工程。广大青年的思想政治教育工作更需要讲究方式方法。我们经常谈论中国梦和社会主义核心价值观,要把这些极具中国特色的重要元素,转化成广大青年思想观念的一部分,让他们自发地内化于心并产生深刻的认同,这就需要发挥中华优秀传统文化的关键作用。十八大以来,习近平总书记在与青年各种座谈会上,经常引用中华典故来启发和激励青年,无论是以核心价值观为内容的理想信念教育,还是以社会规范为主要内容的法治教育,都能在中华优秀文化中找到渊源。

中华优秀传统文化对于培育和践行社会主义核心价值观具有重要作用。以文化之,就是我们利用文化的同根性营造集体无意识的环境力量,这有助于青年群体自发团结向上,是有效开展广大青年思想教育的第一步。中国传统文化有着几千年的积淀,漫漫长河中,我们的文化历经了时间的洗礼和考验,凝聚了先哲们的集体智慧,已经内化为一种根深蒂固的民族文化心理,对根植在中国大地上的每一位中华儿女都有着强烈的吸引力并提供精神上的归属感。新时代青年教育研究就是建立在这种深刻认知的基础上,并巧妙地运用传统文化力量感召青年群体。借助这些耳熟能详的经典语句不仅有利于建立文化自信,更能启发青年咀嚼文化内涵,让传统文化古为今用,让处于新时代、多元化社会中的迷茫青年把目光转移到经典文化上来。传统文化中蕴含的道德规范和社会主义核心价值观有着千丝万缕的联系,发挥传统优秀文化基因的教育功能就在于运用传统文化魅力捕获青年群体的"芳心"。中华文化历时数千年,已经形成了固有的价值体系根植于中国人的内心,深刻影响着人们的思维和行为。我们提倡社会主义核心价值观并倡导付诸实践就是要汲取文化中的营养,使我们的价值观更有生命力。

弘扬中华优秀传统文化对于实现中国梦也有重要作用。2012年的"复兴之路"展览中,习近平第一次提出了"中国梦"说法。从此,实现"中国梦"就意味着秉承"中国精神"走"中国道路",从而也就凝结了"中国力量"。"中国梦"不仅属于国家、社会,更属于家庭、个人,在坚持中国特色社会主义现代化道路上,坚持传统与现代相融合的二元发展道路上,重视优秀文化的传承是我们开辟自己发展之路的精神瑰宝。当代青年教育过程中,通过"中国梦"的伟大理想信念教育解决了广大青年对未来发展的迷茫,指引了广大青年跟随中国去向何处、跟随中华民族去向何处,将青年自身的发展理想和国家的发展紧密联系起来,使得广大青年在实现自己个人价值的同时与国家命运前途携手共进。"中国梦"是广大青年团结奋斗的信仰基础,让广大青年有责任、有担当,对自己和国家民族充满希望。"中国梦"同时也是从中华优秀传统文化中演化发展起来的,深深根植于中华优秀传统文化资源沃土内,只要充分挖掘传统文化中的宝贵资源就能源源不断地为实现"中国梦"添砖加瓦。

1.3 新时代青年教育研究形成的现实基础

新时代青年教育研究既有深厚的思想渊源,也有着坚实的现实基础。十八大以来,以习近平同志为核心的党中央总结国内外青年教育经验教训,运用马克思主义的立场、观点、方法,科学回答了为什么加强青年教育以及怎样加强青年教育等实践问题。同样,我们的新时代青年教育研究也是建立在现实需要和发展历程等现实基础上的理论成果。

1.3.1 现实需要:新时代青年教育研究的现实依据

现实需要是促进理论形成的关键因素。新时代青年教育研究是认真分析国内外青年教育发展形势、解决当前中国青年教育存在问题而形成的集体智慧结晶,是为顺应现实需求而形成的理论成果。

第一,新时代青年教育研究是顺应国内外青年教育形势发展的根本要求。

纵观世界,各国都把青年的培养视为国家发展的重要战略目标。拥有青年人才就赢得了长远的发展,因此各个国家都争先利用各种优惠政策吸引和留住人才。当代西方国家青年教育尤其是青年意识形态教育分两条路进行:一方面对本国青年以不同方式积极地宣传和灌输自己的"主流意识",巩固广大青年对资本主义意识形态的信念;另一方面不遗余力地冲击和批判马克思主义意识形态在他国的影响和发展,企图淡化别国尤其是社会主义国家的意识形态教育,利用互联网技术和文化渗透方式"吸引"世界各国的青年,通过展示资本主义国家的外在优越和繁华抨击别国的不足之处。当然,世界上的确存在一些发展中国家受西方资本主义意识形态的干扰,忽视自己国家的具体国情,把西方资本主义的一些价值观等意识形态视为"走向现代化"的"法宝",照搬了西方资本主义的发展模式,但由于"水土不服"而出现各种问题。然而,以中国为代表的社会主义现代化国家迅速崛起,向全世界展示了社会主义意识形态的国际影响力与日俱增,吸引了不少世界范围内的青年才俊并获得他们的青睐。尤其是十八大以来,以习近平同志为核心的党中央高度重视青年教育尤其是青年意识形态教育,通过国内优秀青年的"走出去"和世界范围内优秀青年的"请进来",扩大了中国特色社会主义的国际影响力,让更多的人了解了这个东方古国的真实魅力,中国道路的发展模式也成为其他发展中国家学习和效仿的榜样。以中国道路为原型的奋斗史不仅成为世界各发展中国家的参照对象,更是为世界范围内的广大青年提供了立足于自己的实际并独立自主的重要思维遵循。我国青年教育不仅承担着培养本国青年的重要责任,还肩负着为世界范围内其他国家青年教育提供参照遵循的重要职责。

当下我国青年教育受全球化、网络信息化和进入新时代等因素的影响,机遇和挑战并存,青年教育任务十分艰巨。首先,全球化不仅给我们的青年教育带来了机遇,还带来了不小的挑战。全球化让我们的青年教育理论和实践有了和国际接轨的机会,改变以往传统单一的教育方法,拓宽了人们的视野和教育思维,尤其是促进了我国经济和科技发展,让我们的青年教育越来越现代化、国际化。然而我们也面临着一些无法避免的挑战和威胁,在全球化中占主导地位的西方资本主义国家利用自身优势无限扩大意识形态领域的渗透,这对国内广大青年的思想动态可谓是不小的冲击和挑战。我们国家还存在一定范围内的意识形态教育弱化现象,并对我们传统的青年意识形态教育方法带来了巨大的冲击。其次,以网络为载体的新媒体技术发展带来的教育方式渠道的改变也对我们当前青年教育的发展提出了新的挑战。网络新媒体的普及大大地改变了以往受限制的教育模式,广大青年可以随时随地接触到内容丰富的知识信息。网络作为新的教育阵地有着区别于以往传统方式的重要特征,如何占领这一新阵地并引领广大青年更好地成长成为当下青年教育关注的重点。最后,进入新时代后经济基础的改变必然要有相配套的上层建筑。全面进入新时代后,我们已经解决了温饱问题,总体上实现小康,物质方面得到了极大的满足,随之而来的就是对精神思想层面的需求与日俱增。党的十九大正式宣布:"中国特色社会主义进入新时代,我国社会主要矛盾已经转化为人民日益增长的美好生活需要和不平衡不充分的发展之间的矛盾。"①从这一刻开始,我们青年教育的内容和形式作为上层建筑范畴必然也要不断与时俱进。广大青年对美好生活的需求不仅包括物质层面的富足,更是对自身所处的环境要求以及自我价值实现的憧憬。

第二,新时代青年教育研究是解决当前青年教育矛盾问题的必然选择。

新矛盾和新问题的产生必然需要新的思想来解决,习近平新时代中国特色社会主义思想形成发展的主要依据就是当前社会主要矛盾的改变。这一改变必然给当前青年教育带来一些新问题,加强青年教育是解决当前中国青年教育矛盾问题的必然选择。

一是供和需的矛盾与青年教育体系建设问题。习近平关于供给侧结构性改革的供需关系论述给青年教育提供了方法论和认识论的指导。正确解决供

---

① 习近平. 决胜全面建成小康社会 夺取新时代中国特色社会主义伟大胜利:在中国共产党第十九次全国代表大会上的报告[N].人民日报,2017－10－28(1).

需矛盾是我们当下青年教育重要的落脚点。供给方指青年教育的主体,也就是教育者,他们肩负着引领青年教育客体的思想和行为,并为客体提供教育服务的使命。需求方指的是青年教育的客体,也就是受教育者,他们的言行举止和思想受教育主体的影响。广大青年作为青年教育的客体,处于时刻变化当中,教育者作为青年教育的主体要对客体进行全面分析和了解并根据实际需求,做出有针对性的教育策略,才能满足供需关系。教育主体倘若不能全面了解客体,也就无法高效准确地提供教育服务,就不能满足客体对思想和精神层面的需求,自然也就无法调和青年教育的供需矛盾。审视当下,随着国内外环境的变幻以及日益激烈的意识形态之战推进,广大青年面临着多样化、层次化的各种思潮冲击,我们的青年教育供需矛盾比较明显。青年教育主体还未能解决新时代下青年教育供需矛盾带来的新问题:青年教育建设还未形成强大合力体系,教育内容还不够与时俱进,教育方法手段略显单一守旧,对客体需求缺乏实际了解而无法做出科学应对。

二是教和学的矛盾与青年教育队伍建设问题。科学有效的青年教育是一个教与学相互促进的过程,青年教育中,教育者倘若不能换位思考受教育者自身能力,那么这个教与学是无法达到最佳效果的。另外,教育者自身知识水平和技能没有得到持续的提升和改进,也会造成教和学之间的矛盾。解决这一矛盾的关键就是加强青年教育队伍建设,从青年教育的源头抓好"教"的环节。如何抓好"教"可以从两个方面来进行:一方面是教育者自身的文化知识水平和业务素质要过硬,不断更新,与时俱进;另一方面教的过程中时刻保持一个动态平衡,通过与受教育者的互动沟通充分地了解受教育者的实际情况来调整自己"教"的过程。从青年教育的落脚点抓好受教育者的"学",包括激发受教者的自我教育。只有受教育者真正学到了符合自身发展需求的知识技能,我们的教育目标才能真正得以实现。目前我们国家许多地方还存在对青年教育及其队伍建设重视不够或者重硬件轻软件、对青年教育队伍建设的支持力度不大、管理不到位等问题。

三是知与行的矛盾与青年教育实效性问题。青年教育要想真正达到理想效果,关键在于正确处理好知与行的矛盾。教育者很重视"教"的过程以及受教育者的"学",但是如何衡量"学"的真实效果,这就需要通过"行"来反馈。真正的内化于心、外化于行才能解决知与行的矛盾,实现知行合一。无论是知识理论学习落后于实践行为还是实践行为落后于知识学习,都无法达到青年教育的真实效果。只有理论联系实际,知识学习和实践行为相互统一、相互配合才能真正解决问题。当下我们的广大青年学习理论之后往往将其束之高阁,遇到实际情况不能切实解决问题,尤其是对马克思主义理论学习无法切实领悟理论真谛,还不能运用马克思主义的立场观点解决实际问题。

1.3.2 发展历程:新时代青年教育研究的全面发展阶段

新时代青年教育研究的形成与发展是围绕青年教育社会实践活动进行长期的思考和探索的过程。其中,全面发展阶段指的是全国宣传思想工作会议召开到党的十九大。这个阶段的新时代青年教育研究已经进入了全面成熟期,尤其是进入新时代以来,国家对广大青年的教育的重视已经上升到发展战略高度。这个时期出现的新理论、新论断有了更高的战略思维。十九大会议报告中,有专门篇幅来论述青年工作的战略定位和总体目标,为当代青年工作开展提供了重要的指引,同时也号召全党全社会要主动积极关注青年,指引他们沿着正确的人生方向不断前行。另外,关于青年教育的规划文件和专题报告也为我们研究青年教育理论提供了丰富的第一手材料。

在全国宣传思想工作会议召开后,习近平总书记围绕培育和践行社会主义核心价值观,对广大青年成长成才有着具体的指引。如2014年在北大师生座谈会上,发表了著名的"第一粒扣子"论断,叮嘱广大青年要在自己所处的时代条件下谋划人生,形成正确的价值观从而走好人生第一步,扣好第一粒扣子。总书记对广大青年如何践行社会主义核心价值观也给出了具体建议和指引,总结起来就是"八字诀"——勤学、修德、明辨、笃实,这也成为广大青年努力奋斗的座右铭。习近平总书记与各个领域青年的互动越加频繁:2013年12月5日给华中农业大学"本禹志愿者服务队"回信;2014年5月3日给河北保定学院西部支教毕业生代表回信;2015年4月7日对传承和发扬青奥会宝贵财富做出指示;2016年4月26日考察中国科技大学,寄语青年大学生要向老一辈杰出科学家学习,争取青出于蓝而胜于蓝;2016年12月7至8日在全国高校思想政治工作会议上讲话;2017年5月3日在考察中国政法大学时演讲;2017年8月22日给西安青年创客团队回信;2018 年 5 月 3 日在考察北京大学时讲话;2019 年再次寄语青年在复杂严峻的斗争中经风雨、见世面、壮筋骨;同年 7 月,来到内蒙古大学与图书馆同学们亲切交谈,勉励他们志存高远、脚踏实地、奋发图强。

为了更加科学有效地开展青年教育工作,国家出台了许多与青年教育相关的政策文件,使得我们党的青年教育工作有条不紊地进行。新时代青年教育研究是为破解当前青年教育问题应运而生的时代理论产物,它在实践中经得住检验并与时俱进,是具有前瞻性的青年教育理论。

第2章　新时代青年教育研究的主要内容

本章开始进行新时代青年教育研究中主要内容的阐述。内容对本质有着重要的体现,建立科学的内容体系毫无疑问更加接近科学的本质。习近平总书记关于当代青年教育的战略定位、总体目标、具体内容、基本原则和主要方法均有着丰富而深刻的阐述,新时代青年教育研究的主要内容也一直处于不断发展完善中。

2.1　关于青年教育的定位和目标

青年教育的定位和目标犹如人类建造房子,首先就是要在建造房屋之前形成房屋的图样设计,有了事先准备的设计图样,才能更好更快地建造出成型的房屋。这个设计"图样"的过程好比我们对一件事的总体构建,先有定位和总体目标,然后才是一步步去实现和完善。尤其是在我们进行一项大事之前,必然要做到心中有数,要达到什么样的高度以及实现什么样的目标,都要立足于国家的根本,着眼国家战略,要有利于民族的兴盛,造福于天下百姓。这样才能够顺应时代的潮流,得民心,顺民意,凝聚全民族的力量,一切自然会水到渠成,国泰民安。中国共产党成立以来,领导着中国人民在中国革命、改革、发展等各个历史阶段做出各种重大抉择并成为中国历史发展的必然选择,建立了最牢固的统一战线,获得亿万中国人民的追随和支持,开创了具有中国特色社会主义道路并取得了阶段性的胜利。这些都是顺大势、合民意、显正义、聚能量的总体定位、目标锁定和战略部署。开展青年教育工程同样如此,要经过反复实践论证、科学规划,广泛听取民众的意见。新的历史条件下,中国经济社会快速发展给广大青年带来了许多机遇和挑战,使得大环境有了新的特点也出现了新的时代需求。这就需要我们在开展青年教育工作时必须根据时代特征和大环境来定位,用与时俱进的眼光来看待青年教育这一大工程。尤其是在当前奋力实现"两个一百年"的重要时刻,为了让广大青年更好地完成国家和时代赋予的重要使命,实现党和国家的重大战略任务,就必须在整体上做好规划。本节将从新时代青年教育研究中提炼青年教育的定位和目标。

2.1.1　定位

古人云:"运筹帷幄之中,决胜千里之外。"这里说到了战略的重要意义。战略源于古代战争、兴于政治斗争,在当今激烈的社会竞争中,更是需要全局、长远的战略思维。战略不明确,则战术混乱;战略不准确,则战无胜算。纵观历史上著名的君主和大臣,拥有战略就赢得天下,可见战略对一个朝代、一个国家具有举足轻重的意义。毛泽东同志也是一位著名的战略家,他曾经说过:"战略问题是研究战争全局的规律的东西。"①作为领导干部一定要有"战略思维"和"战略头脑",这样才能领导一个国家走向事业的巅峰。尤其是在横纵时空中来谋划国家大业,就要有全局思维,在把握大局战略中以小见大突破视野的局限性,最终解决实际问题。

新时代青年教育研究的总体考虑和战略定位,尤其是青年教育在坚持和发展中国特色社会主义伟大事业进程中的地位和作用,可以用习近平总书记在十九大报告中的"青年兴则国家兴,青年强则国家强"这一论断来做理论表征。当代青年教育这一伟大工程,为坚持和发展中国特色社会主义贡献了智慧和力量,所以才有"青年兴则国家兴,青年强则国家强"这一重要论断。显然,从整体战略上如此定位是合情合理的,也是符合中国国情的。结合党的奋斗历程,各届领导人对青年人才高度重视,认为国家的发展离不开广大青年的贡献。邓小平就说过:"我们一定要教育好我们的后一代。"②江泽民同志也认为,"青年的素质,关系我们国家和民族的长远发展"③。笔者将从三个层面来阐述当代青年教育定位。

第一,"青年兴则国家兴,青年强则国家强"的战略定位,是在新的历史条件下,把青年教育提高到前所未有的高度上来。2013年8月召开的全国宣传思想

---

① 毛泽东.毛泽东选集:第1卷[M].北京:人民出版社,1991:175.
② 邓小平.邓小平文选:第2卷[M].2版.北京:人民出版社,1994:177.
③ 中共中央文献研究室.江泽民思想年编:1989—2008[M].北京:中央文献出版社,2010:348.

工作会议通过统领性的文件来强调意识形态的重要性,并将其提升到"极端重要的作用"这一位置上来。习近平总书记创新性地定位了经济与意识形态之间的关系,与此同时也把意识形态建设上升到了一个前所未有的高度。正是在这样的大环境下,作为铸魂育人核心工作的青年教育,自然也把思想教育作为工作中的头等大事。毛泽东要求各级党委把掌握思想领导权当作自己领导的首要职责。马克思主义政党一直以来都十分重视思想理论等意识形态工作。在人民生活不断改善,物质生活也取得了丰富的发展后,精神生活就要与之匹配相适应。在新的历史条件下建设和发展中国特色社会主义,一方面要抓好经济建设,另一方面要抓好意识形态工作建设,"两手抓,两手都要硬"。对青年教育的重点也就在于思想教育建设,尤其是对青年的价值观教育和思想品德教育要放在首位。思想政治教育工作一直以来都被视为党的重要工作,它在中国共产党领导中国革命、建设、改革、发展的各个重要历史阶段都处于重要的位置。被视为"红军的生命线"的政治工作是我党将处于水深火热中的中国人民团结在一起奋力取得革命胜利的重要"法宝"。中国共产党把思想统一战线作为国家救亡图存的重要手段,通过思想统一战线引领全中国人民奋发图强、凝心聚力地建立了自由的社会主义新中国。再到社会主义建设阶段,思想意识形态工作被认为是一切工作的生命线,是我们完成经济社会建设的保障,是一切社会工作的核心和灵魂,指引着我们朝着正确的方向前进。进入改革开放之后,邓小平同志仍继续强调思想意识形态有着"生命线"般重要的作用,决不能忽视。除了"两手都要抓,两手都要硬"重要论断之外,邓小平同志更是要求全党加强对全社会尤其广大热血青年的思想战线的领导,大力解决思想意识形态混乱的问题。进入21世纪后,江泽民同志和胡锦涛同志依旧继续强调了思想建设和意识形态工作的重要性,严抓社会主义精神文明建设,加大理想信念教育,推进现代化先进文化,以此加固社会主义伟大事业建设的共同思想理论基础。延续着重视意识形态教育的先例和传统,习近平总书记在新时期宣传思想工作会议上明确了思想建设和精神建设等意识形态领域工作的重要性,给予了"极端重要"的历史性评价。因此,青年的思想政治教育工作作为意识形态工作中重要的一部分,也被提到一个重要的位置上来。只有做好了青年的思想政治教育工作,才能保障他们更好地成长成才,才能做到"青年兴则国家兴,青年强则国家强"。

第二,"青年兴则国家兴,青年强则国家强"的战略定位,满足了中华民族伟大复兴的中国梦愿望实现的需要。结合当前的历史方位,中华民族有着美好的发展前景,全国人民应该有足够的信心早日实现伟大的梦想。因为这个阶段比历史上任何阶段都要接近中华民族伟大复兴的重要目标,比历史上任何阶段都更加接近中国梦的实现。中国梦是每个人的梦,更是青年们追逐的梦,他们是追梦人的主力军和梦想实现的见证者、分享者。青年群体作为广大人民群众中的核心力量,有责任、有义务为实现中华民族伟大复兴的事业而不懈努力、奉献自己,将个人的价值和国家与民族的发展前景紧密联系起来,这也使得我们在建设社会主义各项事业的主体更加庞大和丰富。广大青年要把国家的繁荣富强、人民的幸福安康视为自己的重要责任,并在伟大的社会实践中奋斗终生。党和国家的事业特别需要青年群体的参与和支持,青年的成长成才更是离不开先进的中国共产党的指引和帮助。只有把握了青年一代,才能谈"未来"。习近平总书记对于如何指引青年学生成长成才从而早日实现中华民族伟大复兴的中国梦,给出了具体的明确的建议。在 2018 年全国教育大会上,习近平总书记就教育问题发表重要讲话,全面总结了十八大以来教育改革实践中形成的新思想新观点,尤其是针对培养什么样的人、怎样培养人、为谁培养人这一系列根本问题,做出了战略部署。归根结底,培养德才兼备的社会主义接班人,才为德之资,德为才之帅,而立德树人是教育事业发展必须遵循的标准。对于如何修德立德,这个关乎青年成长的重要内容,这里就谈到了要自觉践行社会主义核心价值观的问题。2014 年五四青年节,习近平总书记来到了北京大学,寄予青年学子深厚的期望,鼓励他们要把社会主义核心价值观的要求变成日常的行为准则,从社会主义核心价值观中汲取丰富营养,引导广大青年真正地将社会主义核心价值观内化于心、外化于行,通过社会主义核心价值观来凝魂聚气,团结广大青年群体,构建共同的思想道德基础。这有利于为实现中华民族伟大复兴的中国梦奠定坚实的思想基础。

第三,"青年兴则国家兴,青年强则国家强"的战略定位,是在新的历史条件下,今后以及相当长一段时间里肯定青年思想教育的重要性。我们丝毫不能放松青年意识形态领域的高度警惕性,这是基于国内外意识形态现状的准确研判。首先,东西方意识形态斗争更加激烈,这是一场在意识形态领域里长期的较量和斗争。面对世界范围内多元化思想文化的交流和冲突,西方国家将我们的价值观和制度视为"敌对"的文化。为了限制我们的国家发展壮大、控制我们的国家影响力,西方国家绞尽脑汁地对我们进行思想文化渗透。西方国家经常打着"自由、民主、平等"的幌子在全世界范围内实行霸权主义,"兜售"西方资本主义意识形态,目的就是输出自己的价值观。西方国家为了抑制中国的崛起将目标对准广大青年,而文化和意识形态就是他们长期并且重点侵略的领域。他们针对社会主义奉行的马克思主义意识形态进行抨击、歪曲,甚至是诋毁,鼓动那些理想信念不坚定的国内学者和青年对我们国家的历史和正面英雄人物进行否定和戏说,通过媒体文化输入冲击和重构青年群体的价值观,并且无孔不入地在网络新媒体平台上散布各种不利于我们党和国家的事业发展的言论,企图误导青年群体,利用社会上弱势群体的反社会情绪煽风点火。新时代处于网络科技时代的快速发展阶段,网络领域内的意识形态工作一旦失去控制会出现重大危害性。只有通过长期规划并做好各种任务部署,有计划有规律地开展青年思想政治教育工作才能应对未来意识形态领域的巨大挑战。其次,国内意识形态领域中马克思主义意识形态所处的主导地位面临巨大的挑战。各种社会思潮风起云涌,比如当下盛行的历史虚无主义、新自由主义、民主社会主义等错误社会思潮。这些思潮在社会改革转型期乘虚而入,企图瓦解人们的理想信念从而达到消解中国共产党执政的合法性和抑制社会主义国家快速崛起的目的。开展青年教育工作不仅要深入挖掘当代中国社会主义意识形态领域中的宝贵资源,更要始终立场坚定地与错误思潮做彻底的斗争。要想彻底揭开这些错误思潮的虚伪面纱就要对他们的阶级立场、利益代表、政治动机、逻辑一致性等方面进行深度解剖,想要赢得这场无硝烟战争的胜利就要做好青年思想政治教育的长远规划。站在全局高度,习近平总书记针对国内社会思潮多元化的现状提出大力培育和弘扬社会主义核心价值观来引领社会思潮的走向。最后,站在新时代历史条件下,青年群体所处的人文环境以及人们的思想观念发生了巨大变化,有着区别于以往任何时代的显著特征。这个显著特征产生于特定的社会时代,随着我国改革不断深化而愈加明显,人们思想活动越来越独立多变。极度物质化的社会环境造成了一定的思想道德匮乏和理想信念的不坚定,拜金主义、享乐主义、个人主义等落后的思想文化沉渣泛起,各方面还不成熟稳定的青年群体容易被这些不良思想侵蚀和腐化。一个国家和社会不管在物质经济方面多么丰富和强大,一旦与之相对应的思想精神和社会灵魂出现问题,那么这个国家和社会就会迅速陷入危机和衰退。这样的精神文化环境对一个时代乃至几个时代的青年群体的深刻影响是不容忽视的。可见,物质文明要想快速健康地发展,精神文明建设也不能落后,要巩固精神文明领域中的主流思想在社会意识形态中的重要核心位置,否则整个国家和社会文明发展就会遭遇"滑铁卢"式的厄运。新时代青年教育研究的战略性定位便是在面对新历史条件下,依据我国社会意识形态领域呈现出来的新变化、新特征、新趋势而制定的。

2.1.2　总体目标

明确的目标是开展一切工作的重要前提,目标实质就是本质的体现,没有目标的指引犹如失去方向。明确青年教育的总体目标,有利于落实当代青年教育战略定位。新时代青年教育目标的相关表述分散在习近平总书记的各个讲话中,有学者进行了总结和提炼。

比如有学者认为青年思想政治教育的目标是勤学、修德、明辨、笃实。也有的学者认为,有信念、有梦想、有奋斗、有奉献是青年教育目标等。还有人认为"立德树人"是青年教育的总体目标。本书对青年教育总体目标的阐述是立足于当代青年教育的整体规划。中国特色社会主义建设全面进入新时代,我们对新时代的教育也有了新的规划和蓝图,从过去的有学上到上好学,从学有所教到学有优教,从教育大国到教育强国,我们对教育的定位和目标都有深刻的本质变化。新时代青年教育的整体目标是在新的历史方位下,对当代青年教育的本质要求。

2015 年 10 月 26 日,习近平致电联合国教科文组织第九届青年论坛时,向全世界的青年发出了"全球青年有理想、有担当,人类就有希望"①的呼声。青年在全球发展过程中扮演着极其重要的角色,只有培养好青年,发挥他们的能量,才能实现美好的梦想。2016 年 7 月 1 日,习近平在庆祝中国共产党成立 95 周年大会上讲话,号召广大青年要"为世界进文明,为人类造幸福,以青春之我,

---

① 习近平.习近平主席在联合国教科文组织第九届青年论坛开幕式上的贺词[N].光明日报,2015 - 10 - 27(1).

创建青春之家庭,青春之国家,青春之民族,青春之人类,青春之地球,青春之宇宙,资以乐其无涯之生"①。总书记在十九大报告里也提到,青年一代要有理想、有本领、有担当,这被视为新时代下青年教育的总体目标。习近平总书记在国际会议论坛上提出的对青年的期待和在国内对我们青年一代的期望是一致的。我们可以发现,这不仅是习近平总书记对青年一代的总体希望,更是为青年教育提供了具体的目标指引。我们要培养什么样的青年一代接班人,那就是有理想、有担当、有正能量、满腔热情、脚踏实地的青年一代。这是对青年教育目标的高度总结,集中反映了当代青年教育总体目标的战略追求。

青年要有理想,意味着要有坚定的理想信念和正确的价值观,这样才能保证理想的正确性。习近平总书记曾生动地把世界观和价值观比喻成人生的"总开关",强调总开关一旦出现问题,人这一生就失去了大方向,也就一定会出现问题。在对青年的理想教育过程中,尤其要珍惜青春阶段的努力和付出,不断锤炼自己,在最好的年华里珍惜宝贵的时间,在社会实践中确立起正确的人生观、价值观和世界观。这好比一把打开真善美大门的钥匙,只有具备了坚定的理想信念再去检验社会万象,才能在关键时刻做出正确的判断和选择。如何才能做出正确的抉择呢? 要通过学习和践行正确的价值观来引领自己的成长,注重学习科学文化知识,夯实树立核心价值观的文化知识基础。

青年要有本领,意味着广大青年一定要不负韶光,学好各种文化知识和专业技能,成为一个腹有诗书气自华的实干家。广大青年处于人生中学习知识最高效的关键阶段,思维活跃敏捷、极具创造力,然而知识的学习和积累不是一蹴而就的,需要沉淀,更需要韬光养晦。习近平总书记也在许多重要场合鼓励广大青年满腔热情、脚踏实地地学习和工作。在这里把学习放在工作之前来强调表明了学习是青年的首要任务,漫无目的的工作可能带来的是消极的"磨洋工",只有不断学习新的理论知识和技能,才能在实践工作中有所创新并形成良性循环。广大青年要抓住人生中最美好的时光用于提升自己、成就自己并不断地勤奋好学,这也将成为青春前进的最大驱动力。学习不仅是青年自己的事情,更是整个社会的责任,社会要为青年提供营造学习的好氛围和好途径。青

---

① 习近平. 在庆祝中国共产党成立95周年大会上的讲话[N]. 人民日报,2016－07－02(2).

年不仅要在学校里学习,还要在社会实践这个大课堂里学习;不仅要跟着高学历、知识丰富的老师学习,还要跟着社会中各行各业实践的先驱者学习;除了重视文化理论知识和专业技能知识,更要把思想道德修养和精神境界层次作为人生追求的终极目标;在社会实践中加强磨炼,增长本领。广大青年要去社会大熔炉中多读无字之书,积累人生经验,在实践中检验真理,获得成长。概而言之,广大青年要把握读书学习的好时机,既要读"有形"的书、学习看得见的文字知识,也要读"无形"的书、掌握看不见的非文字类的社会经验知识。因此,广大青年要抓住一切机会,不断丰富自己的人生阅历,积累沉淀自己,走进社会,扎根一线,在社会中学习丰富的人生经验和社会知识。

青年要有担当,意味着要把自己和祖国的命运发展紧密联系起来。党和国家对广大青年寄予了殷切的期望,希望广大青年能够主动承担起这样的历史责任,把担当和责任视为至高无上的荣耀,在时代潮流中拼搏前行。只有与当下时代共进退,担起建设美好未来的责任,才能最终实现中华民族伟大复兴的中国梦。积极投身于社会实践并不断传递正能量,这也是对青年一代的根本要求,有理想、有担当就是要投身于社会实践,在一线和基层的社会实践中才能真切感受到理论和实际相结合的本来面目。有挫折有坎坷,要勇于面对,多动脑筋勤动手,在困难中寻找解决问题的办法。因此,我们认为广大青年有理想、有本领、有担当,就是关于青年教育的总体目标的直接阐述。广大青年要积极投身于社会实践,兢兢业业地工作,做一个有正能量的青春使者,带着满腔热情投身到祖国建设中。作为新时代的"弄潮儿",需要在宏伟远大的目标指引下,需要在党和国家社会等各界帮助下,利用好新时代创造的广泛平台书写自己的人生华章。

2.2　关于青年教育内容的构成要素

新时代青年教育研究中关于青年教育内容的构成要素主要包括:社会主义核心价值观教育、传统文化教育、法治观念培育、思想品德教育、理想信念教育、家国情怀教育、知行合一教育、奋斗精神培育、创新精神的培育。这九个要素极大地丰富了青年教育内容构成,为新时代下青年教育工作的开展和广大青年自身成长成才提供了重要的指引。

2.2.1 社会主义核心价值观教育

习近平总书记在北京大学 120 周年校庆座谈会上提出:"要坚持不懈培育和弘扬社会主义核心价值观,引导广大师生做社会主义核心价值观的坚定信仰者、积极传播者、模范践行者。"①

当代青年正处于各方面全面发展的关键时期,无论在科学文化、思想还是实践能力等各方面都亟须获得提升。新时代的青年面临各种多元化的社会思潮,如何用社会主义相关理论来引领思潮的传播,抵御境内外敌对势力的"软文化渗透",把握思想舆论领域的主动权是当前重要的课题。树立牢固的价值观就是要帮助青年群体适应当前思想潮流变化,让其具备辨别是非的能力。用社会主义核心价值观来引领当代青年,是促进青年进步成长的重要举措。广大青年正处于"扣好第一粒纽扣"的特殊阶段,还没有形成稳定的价值观,在面对国内外各种社会思潮的冲击时经常陷入迷茫。如何帮助广大青年扣好第一粒扣子? 毫无疑问,社会主义核心价值观当仁不让地作为教育内容的重要部分,正如二十四字内容所描述的,包括广大青年在内的所有人共同努力把我们的国家建设得更加富强、民主、文明、和谐,使得我们的中华民族以独立自信的姿态引领世界潮流。

用社会主义核心价值观引领青年的思想动态,要建立在中国传统文化基础之上,发挥中华传统文化的育人功能。广大青年只有科学认识社会主义核心价值观才能牢固树立社会主义核心价值观。古人奉行的修身、齐家、治国、平天下这一价值观正是从国家、社会、个人三个不同维度来阐释的。可见,中国古代优秀传统文化与当代中国的社会主义核心价值观有着一定的联系,从某种意义上来说,当代中国的社会主义核心价值观是对修身、齐家、治国、平天下这一价值观的继承和发展。将修身、齐家、治国、平天下这一价值观教育和当代中国的社会主义核心价值观引领结合起来,能使广大青年在学习中华传统文化中更好接受社会主义核心价值观,以达到对中国古今文化的高度认同。此外,传统因子具有重要影响的惯性观念力量,这种传统的惯性观念力量决定着这个民族的核

① 习近平.在北京大学师生座谈会上的讲话[N].人民日报,2018 - 05 - 03(2).

心价值观传承,并且作为核心理念和精神实质串联起整个民族文明发展始终,最后形成了整个民族独特气质和修养。我们生为中国人,自然继承了独特的文化基因,这些文化基因深入骨髓一代一代相传,进而形成了中国人特有的民族精神。这些精神就包含了我们现在所认可的并且影响着我们生活方式的价值观。"抛弃传统、丢掉根本,就等于割断了自己的精神命脉。"①习近平总书记特别注重中华传统文化的创造性和创新性发展,多次强调要把中华传统文化同中国当代经济和社会建设发展结合起来,发挥中国传统文化在培育和践行社会主义核心价值观过程中的重要促进作用。他还积极鼓励广大青年在社会主义核心价值观中吸收营养,让中华传统文化中的丰富资源为青年成长提供许多素材。

用社会主义核心价值观引领青年的思想动态,就是要将社会主义核心价值观的精髓融入青年实际生活需要。习近平总书记提出"抓好青年这一时期的价值观养成十分重要"的著名论断,还使用扣扣子这一比喻来形容价值观形成的重要性。如何使得社会主义核心价值观成为广大青年的基本遵循,帮助他们扣好人生第一颗扣子呢?习近平总书记也给予了具体的指引和方向:"使核心价值观的影响像空气一样无所不在、无时不有。"②这种深刻的表达,就是要让核心价值观如同空气那样存在,融入青年的血液和细胞,潜入他们的思想和心灵,成为他们生命活动中必不可少的思想观念内涵。融入青年实际生活需要就是用社会主义核心价值观来指导青年学习生活工作实际中的困难,让他们在迷茫时有明确的方向指引,也就是让社会主义核心价值观能够真正落到实处,成为广大青年的真实需求。要注意把社会主义核心价值观的基本内涵同青年日常联系起来,使社会主义核心价值观具体化、日常化、生活化,要在落细、落小、落实上下功夫。具体而言就是:可以通过组织青年参与各种体现社会主义核心价值观的社会实践活动,增强青年的认同感和归属感;通过各种渠道和时机来营造培育和践行社会主义核心价值观的生活情景和社会氛围来潜移默化青年的一言一行。

---

① 习近平.习近平谈治国理政:第 1 卷[M].北京:外文出版社,2018:164.
② 习近平.习近平谈治国理政:第 1 卷[M].北京:外文出版社,2018:165.

2.2.2 传统文化教育

习近平总书记曾经深刻指出："中国优秀传统文化中蕴藏着解决当代人类面临的难题的重要启示"①，"要让中华民族文化基因在广大青少年中生根发芽"②。习近平总书记在继承马克思主义和共产党人传统文化观的基础上，结合新时代所呈现的特征强调了青年传统文化教育的重要性和必要性。

十八大以来，习近平总书记在与青年各种座谈会上，经常引用中华典故来启发和激励青年，无论是以核心价值观为内容的理想信念教育，还是以社会规范为主要内容的法制教育，都能在传统文化中找到渊源。也就是说，传统文化在思想、政治、艺术、科学等方面蕴含着丰富的内涵，这也为我们核心价值观的形成提供了重要的渊源素材，在文化基因的传承中彰显民族精神，构建属于我们中华民族特色的精神家园。

习近平同志巧妙地运用传统文化力量感召青年群体。借助这些耳熟能详的经典语句不仅有利于建立文化自信，更重要的是能启发青年咀嚼文化内涵，让传统文化古为今用，让处于新时代、多元化社会中的迷茫青年把目光转移到经典文化上来。传统文化中蕴含的道德规范和社会主义核心价值观有着千丝万缕的联系，以"文"化之的精髓就在于运用传统文化魅力捕获青年群体的"芳心"。尤其是在面对复杂多变的国际环境时，西方各种价值观侵入，对我们青年思想教育有着重大的干扰。加强青年传统文化教育就是增强广大青年的文化自信、传播社会道德风尚并帮助广大青年树立正确的核心价值观，这也是我们实现中华民族伟大复兴的中国梦的现实诉求。

青年传统文化教育也是一种隐性教育方式，内化于传统文化中的思想价值观潜移默化地影响着受教育者。面对青年传统文化教育应该遵循"批判继承、寓教于乐"这一基本要求，坚持本土化的民族特色，从理论上深度挖掘传统文化中的价值资源，为青年教育做好各种制度保障，做好正面宣传和舆论引导工作。青年自身也要以积极主动的态度将优秀传统文化发扬光大，尤其在日常学习生

---

① 习近平. 在纪念孔子诞辰 2565 周年国际学术研讨会暨国际儒学联合会第五届会员大会开幕会上的讲话[N]. 人民日报,2014-09-25(2).

② 习近平. 习近平谈治国理政:第 2 卷[M]. 北京:外文出版社,2017:324.

活中落到实处。广大青年要在追求美好理想和实现个人价值的状态中找到完美的契合点。

当代中国社会主义在如此复杂的国内外环境中前行,各种社会思潮随着不同现代诉求沉渣泛起,改革开放后深化改革是中国共产党领导下的重要命题,什么是社会主义、怎么建设社会主义、选择什么样的改革道路、如何实现民族伟大复兴等问题,都必须建立在正面宣传的方式基础之上。通过利用传统文化中的优秀资源,积极主动地引领社会思潮和价值导向。绝不允许历史虚无主义等错误思潮来抹黑我们的党和我们国家的历史,严格把关一些影视作品和娱乐作品,绝不能以调侃我们的正面人物来取悦大众。这些都可以通过大力推广青年传统文化教育来起到积极预警作用,同时也为加强青年传统文化教育工作提供了重要的参考指引。

2.2.3　法治观念培育

习近平总书记在许多重要场合都曾强调过青年法治教育的重要性和必要性。就目前研究现状来看,并没有直接针对青年群体的法治教育研究,而是通过普遍性概述泛指社会群体的方式来探讨法治观念培育。十八大以来,法治建设工作引起了习近平总书记的高度关注,从"四个全面"中的全面依法治国口号的提出到全面落实依法治国系列措施都需要广大青年身体力行,自觉学习关注法律知识,将法律思维内化到日常意识中,尤其要发挥法治在解决道德领域问题中的重要作用。

习近平考察中国政法大学时谈到培养法治人才和落实全面依法治国的关系。塑造青年的法治思维,尤其是提升广大青年的法治意识需要多方面共同努力,我们要从新时代青年教育研究中挖掘宝贵的资源,从而为当下青年法治观念培育做好铺垫工作。第一,重视青年的德法兼修教育。习近平在中国政法大学的讲话中强调:"法学教育要坚持立德树人,不仅要提高学生的法学知识水平,而且要培养学生的思想道德素养。"①这里就谈到了法治教育和德育教育相互之间的联系是密不可分的。当下我们的青年教育除了要加强法治教育,更要

---

① 王晖,李学仁.习近平在中国政法大学考察时强调:立德树人德法兼修抓好法治人才培养　励志勤学刻苦磨炼促进青年成长进步[N].人民日报,2017-05-04(1).

注重道德教育。法律是明文的道德,道德是内心的法律。两者相辅相成,缺一不可。当前社会许多领域仍然存在法律盲区,受几千年封建残余思想的禁锢,"人治大于法治"或"将个人权力置于法律之上"等错误思想仍然存在。许多法治部门也形同虚设,甚至充当起罪恶的"保护伞"。庆幸的是,近几年随着依法治国全面推进,全国范围内的"扫黑除恶"专项斗争开展得可谓是如火如荼。法治教育同时也是培育社会主义核心价值观的基本内容之一,我们要教导广大青年认识到法治社会对建设社会主义现代化社会的重要性。新时代的青年应该在具有高尚品德的基础上兼具法治精神,这是区别于以往任何时代青年特征的显著标志,同时也是提升社会文明程度的重要措施。第二,培育青年法治思维意识。除了注重广大青年德法兼修教育之外,习近平总书记重点指出,"要把法治教育纳入国民教育体系和精神文明创建内容,由易到难、循序渐进不断增强青少年的规则意识"①。我们还要在全社会范围内营造有利于依法治国的社会氛围,目标在于使得广大青年群体成为懂法守法的主力军。法律得以顺利实施的重要前提就是必须得到人民群众的认可和拥护,从广大青年着手,培育广大青年的法治意识,在道德约束"空白区"有效利用法治思维引导和规范青年的言行举止。法治思维是建立在契约精神、正确的权利义务观念和公平公正观念的基础上,主要指的是法律面前人人平等、法律至上、权力制约、正当程序等内容。广大青年只有具备法治思维意识才能真正做到内化于心、外化于行地依法办事、依法约束自己的行为举止。同时,这也帮助他们利用法律法规维护自身的权益,做一个新时代合格的中国公民。

2.2.4　思想品德教育

习近平总书记曾经在北京大学师生座谈会上提出,"人无德不立,育人的根本在于立德"②,表明了青年教育中思想品德教育的重要性。蔡元培先生也曾说过:"德者,本也。"自古以来,真正的人才都是德才兼备,而"德"通常被视为比"才"更加重要的品质。

---

① 中共中央文献研究室.十八大以来重要文献选编(中)[M].北京:中央文献出版社,2016:190.

② 习近平.在北京大学师生座谈会上的讲话[N].人民日报,2018-05-03(2).

第一,注重青年思想品德教育,就是要加强青年道德修养,注重道德实践。我们知道社会主义核心价值观的内容所展示的就是大德、公德和私德的统一。培育和践行社会主义核心价值观也是我们加强青年道德修养的重要途径。自古以来,我们对人才的界定就是德才兼备,以德为首,德是才的方向指引,没有德的才对一个社会来讲可能是祸害。只有大德、公德和私德都具备的人才能用得其所。广大青年应该在道德实践中锤炼自己的品质,以社会主义核心价值观为准绳审视自己的思想和行为,尤其是在面对错综复杂的社会思潮冲击过程中,要学会用社会主义核心价值观来辨别是非真伪。广大青年也正处于人生美好时期,对知识充满渴望,要通过勤学来不断攫取知识能量,在实践中增长才干和本领。"修德"便是为"勤学"做好方向指引,以便广大青年做好"明辨",最后通过"笃实"来践行道德实践,所谓道不可坐论,德不可空谈。我们要用社会主义核心价值观来共同铸造广大青年的思想品德基础,鼓励广大青年在道德实践中实现个人的价值。习近平总书记告诫广大青年,要"主动承担社会责任、热诚关爱他人,多做扶贫济困、扶弱助残的实事好事,以实际行动促进社会进步"①。这里谈到的承担社会责任,热诚关爱他人等就是要营造良好的社会文明环境,提升职业道德、社会公德、个人美德等。首先,青年应该要主动承担起社会责任,这就要求当代青年在实现自己的人生梦想和价值的同时,考虑到全社会的利益,在做出任何选择的时候都要考虑到可持续发展和整体社会的利益。过去几十年里,我们社会的发展还是以牺牲其他方面利益为代价,比如生态环境和居住健康等。如今我们要汲取以往的经验教训,继续走可持续发展之路,鼓励广大青年在创新创业实践的过程中不忘肩上的社会责任,不以经济利益换取其他利益。广大青年要热诚关爱他人,多做扶贫济困、扶弱助残的好事,这对于营造整个社会风气及和谐健康的人际环境有着重要的指引作用。高度发展的经济社会并不是自私冷漠地一味追逐金钱和利润,还包括全体社会成员之间的和谐互助。广大青年要在思想道德建设和精神文明层面严格要求自己,并积极主动自觉去践行这一标准。

第二,注重青年思想品德教育,就是既要立意高远,又要立足平实。鼓励广

---

① 习近平. 在同各界优秀青年代表座谈时的讲话[N]. 人民日报,2013 - 05 - 05(2).

大青年立意高远就是从明大德角度立志报效祖国、服务人民。一个人要获得成功并实现个人价值必须建立远大的目标,而这个远大目标必然是高瞻远瞩的,并且是有利于国家和社会发展的。所谓"养大德者方可成大业",广大青年只有站得高,才能看得远,看得远才能胸怀天下而不拘泥于眼前。鼓励广大青年要立足平实就是要从守公德和严私德角度脚踏实地从小事做起,扎扎实实做事。站得高、看得远,也要从脚下开始起步。踏踏实实做人,将社会主义核心价值观作为自己的道德信仰,自觉遵守并践行。广大青年要以积极、开放、包容的态度审视当前各种社会思潮冲击,坚定自己的道德信仰,在道德实践中坚守道德准则并内化于心。

2.2.5 理想信念教育

新时代青年教育研究中的理想信念教育是整个青年教育内容的重点部分,也是我们论述青年教育内容的思想的核心部分。"青年一代有理想、有担当,国家就有前途,民族就有希望"①。这是站在国家发展战略高度来向广大青年强调理想信念教育的重要性,也是习近平总书记对广大青年的殷切期望。广大青年要在"奋斗中释放青春激情、追逐青春理想"②,理想信念教育是广大青年通往成长成才的必经之路。

第一,加强青年理想信念教育,就是要广大青年不忘初心跟党走。对广大青年进行理想信念教育时,我们必须高度重视一个核心问题,那就是青年前进的方向,跟谁走,跟谁共进退。方向是指引人们前行的灯塔,有了灯塔的指引,才能正确地到达目的地。不忘初心跟党走,是青年教育任务部署中的核心任务。青年与国家和社会的发展息息相关、密不可分,青年的健康发展与党和国家的重视密不可分。青年时期是人一生中最宝贵的时期,是世界观、人生观、价值观形成的关键时期,"青年是整个社会力量中最积极、最有生气的力量"。广大青年要尽量发挥这一力量,不忘初心、牢记使命,以最积极的状态投入中国特色社会主义现代化建设中去。"广大团员青年坚定跟党走,就是初心","不忘这

---

① 习近平.在同各界优秀青年代表座谈时的讲话[N].人民日报,2013－05－05(2).
② 习近平.在北京大学师生座谈会上的讲话[N].人民日报,2018－05－03(2).

个初心,是我国广大青年的政治选择,也是我国广大青年的人生航向"①。不忘初心跟党走是一项重要的政治任务。

不忘初心跟党走就是要青年坚定自己的政治信仰,拥护中国共产党领导,为党分忧,为党添彩。习近平总书记在教育广大青年学习焦裕禄精神时指出:"焦裕禄同志的事迹归结到一点,就是坚定跟党走,他一生都在为党分忧、为党添彩。"②我们党的发展历史是每个共产党员为党分忧、为党添彩的奋斗史,没有他们默默无闻的无私奉献和不忘初心,也就没有我们眼前的这欣欣向荣的伟大事业。通过习近平总书记的号召,广大青年向焦裕禄这样无私的共产党员学习,就是要把这种精神发扬光大,在新的历史时代创造更多更好的成绩。与此同时,习近平总书记也是通过先进典型事迹来教育广大青年,鼓励广大青年要勇于自我突破、自我学习、自我教育、自我成长,将个人的发展始终与党和国家的命运前途紧密联系在一起,因为只有把人生理想融入国家和民族的事业中,才能最终成就一番事业。坚定正确的政治理想,是广大青年在新时代健康发展的重要前提。因此,始终把党和国家重大部署和影响国家重要前途命运的重大任务纳入青年教育的内容中去,是青年教育研究中的关键环节。不忘初心跟党走就是要将自己的才华施展到祖国和人民需要的领域。党的十八大以来,以习近平同志为核心的党中央一直高度重视这一问题,希望广大青年把自己的聪明才干发挥到祖国和人民需要的地方。在考察中国政法大学时,习近平总书记就寄予厚望地教育广大青年学子,要"珍惜韶华,潜心读书,敏于求知,做到德智体美全面发展,毕业后为祖国和人民施展自己的才华,实现自己的人生价值"③。广大青年在成长的这条艰辛大道上从来都不是孤军奋战,党和国家一直给予各种关注和支持,这也就要求青年要与祖国和人民"同呼吸,共命运""齐心协力干大事",要"同人民一道拼搏、同祖国一道前进,服务人民、奉献祖国",明确奋斗目标、奋斗主体、奋斗途径等,要把自己的崇高理想和志气同国家的前途发展相

---

① 王晔,李学仁.习近平在中国政法大学考察时强调:立德树人德法兼修抓好法治人才培养 励志勤学刻苦磨炼促进青年成长进步[N].人民日报,2017-05-04(1).

② 王晔,李学仁.习近平在中国政法大学考察时强调:立德树人德法兼修抓好法治人才培养 励志勤学刻苦磨炼促进青年成长进步[N].人民日报,2017-05-04(1).

③ 王晔,李学仁.习近平在中国政法大学考察时强调:立德树人德法兼修抓好法治人才培养 励志勤学刻苦磨炼促进青年成长进步[N].人民日报,2017-05-04(1).

结合,让自己的信念价值和祖国与人民的需要保持一致。这样一来,青年通过施展自己的才华来实现个人价值和理想的同时也能实现国家、民族和人民的利益。

第二,加强青年理想信念教育,就是要将广大青年理想信念教育与中国梦紧密联系起来。用中国梦筑起青年群体团结奋斗的共同思想基础,成为我们开展青年理想教育的重要方式。广大青年作为实现中国梦的核心力量,如何将广大青年力量团结起来并在接力奋斗中实现最终目标,是我们当下开展理想信念教育的重要课题。马克思主义理论认为:人类社会实践活动是主观见之于客观的活动,联系着人的主观目的性和实践活动对象的客观性。人的社会活动是在一定社会意识下进行的。我们人类文明发展历程是建立在具有高度计划性和凝聚力的理想信念和奋斗目标之上的。要知道我们是谁,从哪里来,要到哪里去,只有把这样的哲学问题思考清楚了,才能坚定自己的目标勇往直前。要解决当代青年教育总体问题,应当重视坚定理想信念的关键性作用。理想信念教育是青年教育中的重点工程。如何做好"理想信念教育"?笔者认为:一要从正面进行宣传教育,树立和坚定青年团结奋斗的共同理想基础;二要从观念对比进行分析总结教育,允许青年对中外不同思潮、不同意识形态进行对比分析,从对比分析中树立正确的理想信念;三要突出问题意识,青年理想信念教育要反映当前青年真实诉求,贴近实际,具有号召力和感染力,从而使得广大青年能够齐心协力、凝聚共识,为实现共同目标而彼此携手共进、心心相印。当代青年处于科学技术高速发展和不同文化相互激烈碰撞的大时代,他们不仅关注个人发展,更关心自己国家和民族的前途和未来,要面对不同文化观念的冲突和价值观念的洗礼,面对中国全面深化改革带来的国力倍增和生活质量提高,更面对自己在这个不断变化的大环境中处于何种位置、该何去何从。中国梦的提出无疑是对这一系列问题的最好回应。推进当代青年教育,必须深入开展中国梦相关的教育活动,用中国梦的精神内涵和智慧力量来筑牢当代青年乃至全国全球人民团结一致的共同思想基础。

用中国梦筑起青年群体团结奋斗的共同思想基础,就是要坚定青年走中国道路。对于道路的选择,这决定着我们党和国家事业兴衰成败的关键,决定着我们的中国梦最终是否实现。众所周知,许多国家的现代化发展一旦断裂,摒弃自身文化和全盘照搬西方的现代化道路必然走向衰败。宣传西方价值观的普世性和鼓吹实现现代化的唯一道路就是西方化，是西方列强实行霸权的一贯手段，我们不可小觑这种意识形态和无处不在的文化渗透的力量。许多国家因为在寻求发展的道路上立场不坚定、对自身文化不自信，所以纷纷倒在了通往所谓"西方化"的现代化道路上。中国革命、改革和建设的历史事实告诉我们，真正使得中国人民"站起来""富起来"并"强起来"，就是因为坚持了中国特色社会主义道路。历史证明，不论是过去、现在还是未来，只有坚定走中国特色社会主义道路，才能不断接近和最终实现民族的振兴和国家的富强。我们在对青年进行思想教育、弘扬中国梦这一共同思想基础的同时，要突出中国特色社会主义道路这个坚定并且正确的选择，把广大青年引导在中国特色社会主义的伟大旗帜下团结奋进，矢志不渝。

　　用中国梦筑起青年群体团结奋斗的共同思想基础，就是鼓励广大青年不断弘扬中国精神。用中国精神教育青年要把握好以下几点：一是教育青年认识中国精神的重要地位。"一个民族，一个国家，如果没有自己的精神支柱，就等于没有灵魂，就会失去凝聚力和生命力。"①可见，中国精神对青年个人、中华民族、国家十分重要，是青年个人、中华民族、国家存在和发展的保障。二是教育青年认识中国精神产生的基础。正如物质决定意识、存在决定思维、社会存在决定社会意识一样，中国历史决定中国精神。中国精神产生于中国共产党领导广大人民群众革命、建设和改革的历史活动中。反过来，中国精神也会对中国历史产生巨大的作用，正如克劳塞维茨所说的那样："历史最能证明精神因素的价值和它们的惊人的作用。"②三是教育青年把握中国精神的内容。中国精神是当代中国经济发展后"文化崛起"的重要标志，可谓是当代中国的精神综合体，主要涵盖了以爱国主义为核心的民族精神和以改革创新为核心的时代精神。可见，中国精神是对其他精神的概括和总结。当代青年在实现自己个人价值的同时肩负着振兴民族和国家事业的重任，随着中国逐步的全球化和改革开放，中国青年在国际上崭露头角的机会与日俱增，中国青年的形象不仅仅属于

---

① 江泽民.江泽民文选：第 2 卷［M］.北京：人民出版社，2006：230.

② 克劳塞维茨.战争论：第 1 卷［M］.中国人民解放军军事科学院，译.北京：商务印书馆，1978：188.

青年个人，更是代表整个中国的精气神。如前所述，享誉国际、受人瞩目的中国年轻科研人，在各自的领域里不畏艰难，把握时机，发扬以改革创新为核心的时代精神为国争光，而后将个人梦想和祖国发展紧密联系在一起，即便是外出求学后学业有成，也不忘初心，秉承以爱国主义为核心的民族精神，坚定了自己的理想信念毅然回到祖国的怀抱，满腔热情地投身到祖国的伟大建设中。

用中国梦筑起青年群体团结奋斗的共同思想基础，就是鼓励广大青年凝聚成一条心，形成中国力量。马克思、恩格斯曾经在《神圣家族》一书中指出："思想根本不能实现什么。为了实现思想，就要有使用实践力量的人。"①所谓"中国力量"，从深度来说，就是"改造世界"的力量，而不是"解释世界"的力量，因为"解释世界"的思想根本不能实现什么；从广度来说就是"中国各族人民大团结的力量"。而广大青年是中国各族人民中的核心力量，"中国力量"究其本质还在于团结广大青年群体，让每个有梦想、有追求的青年因为中国梦而团结走到一起，让每个青年都有人生出彩的机会，享有梦想成真的机会，享有和祖国一起进步共进退的机会。通过构建中国梦这一共同的思想基础，让每个青年都自觉把人生理想、家庭幸福融入国家和民族的伟大事业中，把青年个人的梦与祖国的梦紧密地结合在一起，使得青年自觉保持国家主人翁意识并为坚持和发展中国特色社会主义国家的伟大目标而不懈努力。

2.2.6 家国情怀教育

2016 年 12 月，在北京举行的第一届全国文明家庭表彰大会上，习近平同志亲切会见了全国文明家庭代表并发表了重要讲话。他指出：中华民族历来重视家庭，家庭的社会功能和文明作用不可替代；家庭是社会的细胞，只有实现中华民族伟大复兴的中国梦，家庭梦才能梦想成真。2017 年，习近平总书记在给南开大学 8 名新入伍大学生回信中说："自古以来，我国文人志士多有投笔从戎的家国情怀。……把爱国之心化为报国之行，为广大有志青年树立了新的榜

---

① 中共中央马克思恩格斯列宁斯大林著作编译局.马克思恩格斯全集：第 2 卷[M].北京：人民出版社,1957:152.

样。"①十八大以来,笔者在习近平的文章、讲话、著作中最深切的感受就是他善于用典,活灵活现地展示了中国传统文化中的经典,并赋予它们丰富的当代价值。家国情怀便是根植于中国优秀传统文化土壤中的,习近平同志将家国情怀融入了治国理政的具体实践中。再到十九大,我们站在了全新的历史方位,迈进了新时代,全面地展现了中国人民由"富起来"到"强起来"的时代风采。我们要为新时代培养怎样的人才,如何培养人才,才能继续扛着"富"与"强"的大旗坚定地续写中国特色社会主义华丽篇章呢?毫无疑问,具有家国情怀的新时代青年才能担起中华民族伟大复兴的重任。

第一,加强青年家国情怀教育,首先就是要厘清家国情怀四个维度。"天下之本在国,国之本在家,家之本在身。"②中国社会以家庭为核心的文化派生出了"家国情怀",并有了"修身、齐家、治国、平天下"的儒家价值观,以"修身"奠定实现伟大抱负的人性基础,以"齐家"稳住实现伟大抱负的后方力量,以"治国"铸就实现伟大抱负的理念方略,以"平天下"达到实现伟大抱负的终极意义。由此我们可以得知家国情怀包含四个维度。一是严以修身,以身作则。修其心治其身,率先垂范,以身作则。二是传承家风,清廉律己。好的家风承载着中华民族正确的价值观和道德取向,深刻影响着个人成长、社会风气、时代精神甚至是国家命脉。自古以来,家风家规都普遍反映"忠、孝、仁、信、廉、耻"等价值观和道德观念。通过家风的传承可以教育子女什么是一个好人,如何做一个好人,以及教导子女何为合理的道德规范,什么样的行为才符合道德规范要求。家风的传承可以抵御不良诱惑,坚定初心,使人不偏离正常轨道。好的家风也有助于坚定党员干部的理想信念,形成足够的"天然钙"。理想信念是每一个共产党人精神上的"钙"。有了这个"钙"才不会犯"软骨"毛病,才能一身正气,清廉律己。三是执政为民,责任担当。以人民为中心,为民请命一直都是共产党人奋斗的目标,常思为民之心,常做惠民之事,常为利民之举,共产党人更是将此视为自己的行动纲领。四是胸怀天下,美美与共。"平天下"是实现伟大抱负的终极意义,当下的中国,在以习近平同志为核心的党中央领导下,不仅追求物

①　习近平.习近平总书记给南开大学 8 名新入伍大学生的回信[N].人民日报,2017 - 09 - 26(1).

②　万丽华,蓝旭.孟子[M].北京:中华书局,2006:64.

质财富和军事实力的强大,更是向着美好的文明远景前进。十九大报告指出:"中国特色社会主义进入新时代,我国社会主要矛盾已经转化为人民日益增长的美好生活需要和不平衡不充分的发展之间的矛盾。"这个新时代是"全面建设社会主义现代化强国的时代……是我国日益走近世界舞台中央、不断为人类作出更大贡献的时代"。为此,党的十九大重新提出的要以"一带一路"倡议为重点,不仅引领当下社会思潮为中国经济发展全面深化改革添砖加瓦,更是将这种具有包容开放的价值观理念辐射到其他国家,谋求合作与共同进步。坚持亲诚惠容理念,以邻为善,以邻为伴,坚持与世界大国一道维护国际秩序,维护世界和平并贡献中国方案,构建人类命运共同体,实现共赢共享。

第二,加强青年家国情怀教育,要注重家风建设,加强文艺创作,注重教育引导,努力在社会中营造将个人梦想、前途与国家命运联系在一起的热烈氛围,培养青年的家国情怀。一是重视家风建设,弘扬传统文化。有家国情怀的人必然对家、对国有着独特的情感,这一情怀是中华传统文明的符号表征,这一情怀必然建立在熟知并热爱自己国家的文明历史之上,这一情怀的践行必然需要我们弘扬中华传统文明经典,将"爱国""爱家"的精神涵养转化为自觉传承意识和思想引领行动。重视家风建设不仅仅是对历史的一种传承,也是对传统文化的一种传承,是在应对西方文化和价值观冲击时有力的反击和对自我价值观的保护,也在我们的民族文化血脉中开辟了一条具有中国特色的传承道路。家风建设和中国传统优秀文化的一脉相承,毫无疑问增强了我们对历史文化的高度认同,有利于我们继承和发展。二是加强文艺创作,讲好情怀故事。中国特色社会主义进入新时代,人民对美好生活的向往日益增强,对各类影视作品、舞台剧、电视剧等文艺作品更是有着高需求,优秀的文艺作品不仅充实了人民的精神生活,更是深刻地影响着人们的世界观和价值观。讲好家国情怀故事可以通过文艺创作形式表达出来,但目前文艺创作者受市场经济浪潮影响,在利益的驱使下,为迎合"娱乐化"的大众口味,对一些作品尤其是一些宣传革命英雄人物及历史事实的作品进行了"篡改",歪曲丑化。习近平多次强调:"坚持把社会效益放在首位"①,"文艺不能当市场的奴隶,不要沾满了铜臭气"②。因此,加强

---

① 习近平.十八大以来重要文献选编(中)[M].北京:中央文献出版社,2016:802.
② 习近平.十八大以来重要文献选编(中)[M].北京:中央文献出版社,2016:132.

文艺创作讲好情怀故事,就是要求我们站在新时代的历史方位,把控好文艺创作的方向,尊重历史事实,怀有敬畏之心。讲究科学性,遵循客观事实和事物发展规律,经得住历史检验;讲究党性,就是与党的思想保持高度一致,不偏不倚,挖掘红色经典素材,通过艺术手段,讲好家国情怀故事;讲究艺术性,通过唯美、高雅的艺术手法,增强艺术感染力,把艺术效果和社会效果结合起来,创作出高品位的文艺作品,注入青年心中,从而引起共鸣,达到育人效果。三是注重教育引导,凝聚价值共识。教育的作用在社会发展中具有不可替代性,中国特色社会主义实践所取得的巨大成就也证明了当前意识形态宣传教育的理论和实践价值,极大地鼓舞了我们对社会主义意识形态宣传教育的自信心。培养具有家国情怀的时代新人,不再仅仅局限于课堂和教科书这一传统模式,还可围绕社会主义核心价值观,通过观看红色经典影片、传唱红色歌曲、朗诵先烈遗书、重大节日缅怀历史等方式开展。尤其在凝聚价值共识方面,用习近平新时代中国特色社会主义思想和实现"两个一百年"奋斗目标的伟大创举去引领社会价值思潮,让广大青年感受到祖国的繁荣昌盛需要每个中国人的共同努力,也让每个青年都能享受到祖国的强大带来的发展机遇,感受到个人命运和祖国的命运息息相关,共荣共损,将这样的爱国思潮融入中国特色社会主义理论学说中,激发广大群众对理论学说的认可并内化于行,从而形成将个人梦想、前途与国家命运联系在一起强烈的家国观。

2.2.7　知行合一教育

习近平总书记曾在与知识分子、劳动模范和青年代表座谈时表示:"广大青年要如饥似渴、孜孜不倦学习,既多读有字之书,也多读无字之书,注重学习人生经验和社会知识。"[①]这里的无字之书指的就是社会实践,广大青年要把知识转化成具体的能力就需要身体力行,在实践中提升认知和感悟。做到知行合一是广大青年成长成才的重要保障。

第一,教育广大青年做到知行合一。我们在开展青年教育过程中要明确两点。一是与道路同行。中国特色社会主义道路是建设中国特色社会主义,通向

---

① 习近平.在知识分子、劳动模范、青年代表座谈会上的讲话[N].人民日报,2016 - 04 - 30(1).

中华民族伟大复兴的中国梦的唯一正确道路。在完成青年教育的根本任务中，要指引当代青年与中国特色社会主义道路一同前进，使得他们在坚定不移地拥护中国特色社会主义道路的过程中树立正确的人生观、价值观和世界观，形成健康的人格品质，坚定正确的理想信念。二是与理论相伴。中国特色社会主义道路的开辟需要正确的理论指导。马克思主义理论及其中国化成果是指导中国特色社会主义道路开辟的正确理论，当代青年要掌握好这些理论。关于这一点，习近平总书记于2017年在中国政法大学考察时，就明确呼吁当代青年学子"要坚持中国特色社会主义法治道路，坚持以马克思主义法学思想和中国特色社会主义发展理论为指导，立德树人，德法兼修"①。这些呼吁是有着一定的现实背景和时代意义的。某外国学者曾经对中国发展模式给予高度评价，他认为，中国经济快速发展不仅自己获益还辐射到其他发展中国家，中国发展模式已成为其他国家效仿的对象，更为重要的是中国在崛起过程中呈现出来的中国文化和中国精神将对国际文化产生重大影响，并得到了许多国家的认同。中国作为崛起的东方大国，用事实证明了一个综合国力不断增强的现代化国家，根植于自己传统文化土壤上也能走出一条现代化的康庄大道，那就是以坚持马克思主义理论为前提，坚持科学社会主义理论为指导的社会主义特色现代化道路。有学者指出我们坚持这条道路并且坎坷地走过了100年，是党和人民在伟大的社会主义建设实践中的智慧结晶，它毋庸置疑地成为我们未来始终要不断坚持的道路方向。可见，中国特色社会主义道路的开辟不是一帆风顺的，也不是少数人开辟的，更不是只读"无字之书"就能开辟的。对此，青年必须清晰地认识中国特色社会主义道路发展的历程、形成的机制和艰辛的探索，而且这是我们必须坚持的唯一一条符合中国国情的发展道路。青年学生不仅要努力学习科学文化知识来武装自己的头脑，更要在坚持中国特色社会主义道路实践中反复求证和提升自己的领悟，成为一个知行合一的现代人才。

第二，知行合一教育就是号召广大青年参与到实现中国特色社会主义伟大目标的实践中，要在实践中干出社会主义。一个人必须有着目标指引才能更好地向前发展，无目标的人犹如在黑暗中远征。只有有了明确的目标，才能将所

---

① 王晔，李学仁.习近平在中国政法大学考察时强调:立德树人德法兼修抓好法治人才培养 励志勤学刻苦磨炼促进青年成长进步[N].人民日报,2017－05－04(1).

有的人力、物力聚集在一起,使得社会各方面的实践发展朝着更好的方向进行。新时代青年教育研究多次谈到了青年发展和国家发展同步的重要性,这就需要我们用伟大的社会主义目标感染青年,让青年认可我们这一共同目标,凝魂聚气。那么中国特色社会主义伟大的目标是什么呢? 中国特色社会主义伟大的目标就是实现中国梦。然而实现中国梦,就必须以"中国特色社会主义道路"为指引,以"中国精神"为动力,以"中国力量"主体,正如习近平总书记指出的那样:"实现中国梦必须走中国道路,必须弘扬中国精神,必须凝聚中国力量。""建设富强民主文明和谐的社会主义现代化国家,实现中华民族伟大复兴……是中华民族的最高利益和根本利益……是我们的目标,也是我们的责任。"①中国特色社会主义伟大目标能够在统一思想、高举旗帜、凝聚力量等信仰和精神文明建设问题上具有高度的战略性。坚如磐石的精神和信仰力量是凝聚广大青年的重要精神食粮,坚如磐石的伟大目标犹如一盏明灯指引着广大青年前行。因此,必须教育广大青年要有追求、有责任、有坚守,在实现中国特色社会主义伟大目标过程中,在对人民、党和国家事业的奉献中,不断学习、勇于实践,创造出彩的人生。广大青年只有将个人的目标融入国家建设的伟大目标中,才能在奉献国家和社会实践过程中实现个人价值。

2.2.8　奋斗精神培育

习近平总书记曾经讲道:"广大青年既是追梦者,也是圆梦人。追梦需要激情和理想,圆梦需要奋斗和奉献。"②他在同各界优秀青年代表座谈时也说:"一定要矢志艰苦奋斗,'宝剑锋从磨砺出,梅花香自苦寒来。'"③广大青年只有在吃苦耐劳的奉献中才能培育发展自己的奋斗精神。广大青年作为最朝气蓬勃、最有拼搏精神的中坚力量,面对当前中国特色社会主义各项事业如火如荼的建设,他们必须责无旁贷,履行自身的职责和使命。习近平总书记号召广大青年,要紧跟时代的脚步,在不断奋斗中贡献自己的力量。

---

① 习近平.青年要自觉践行社会主义核心价值观:在北京大学师生座谈会上的讲话[N].人民日报,2014-05-05(2).

② 习近平.在北京大学师生座谈会上的讲话[N].人民日报,2018-05-03(2).

③ 习近平.在同各界优秀青年代表座谈时的讲话[N].人民日报,2013-05-05(2).

在家庭教育中通过家风传承来培育和促进广大青年的奋斗精神。现代意义上的好家风不仅符合马克思主义关于家庭建设观念,也秉承中华民族传统中的道德价值取向,是对与现代家庭生活相契合的思想观念的传承。它不仅能够彰显社会主义家庭美德,具有时代特色,更深刻影响着个人成长、社会风气、时代精神甚至是国家命脉,也使得"齐家修身"与"治国平天下"有着千丝万缕的密切联系。要形成拼搏进取的社会风气就需要以家庭为单位的家风来助力。培育广大青年的奋斗精神可以建立在家庭成员之间的情感联结基础上,通过家风传承使得青年群体从小耳濡目染,内化艰苦奋斗的价值观念。家庭成员之间的人际互动就是整个社会关系的缩影,通过投射方式扩大到社会人际互动中,制约着社会群体的思维和行为方式。要更好地通过家风传承来培育广大青年的奋斗精神,首先就需要我们注重家庭教育,营造家庭和谐氛围,使得青年在成长经历中获得足够的情感支持,形成完整的人格。现代心理学非常关注原生家庭对子女的影响,精神分析学派更是认为每个家庭的孩子成年后都是在寻找原生家庭里父母"原型",最典型就是"俄狄浦斯"情结,可见家庭成员之间的影响是不容忽视的。埃里克森的人格发展理论告诉我们,人一生的各个心理发展阶段都有着各自重要的心理品质任务:婴儿时期需要抚养者给予足够的爱抚和照顾,以便建立足够的安全感和信任感;儿童时期需要家庭抚养者通过游戏方式培养和训练他们遵守规则,建立良好的生活习惯,并具备一定的学习能力。只有顺利度过前面几个阶段,完成每个阶段的品格目标,到了青年阶段才能顺利完成自我同一性,拥有完整的人格。而每一个阶段的顺利发展都需要家庭中父母长辈的呵护和引导,这也是我们进行精神培育的重要前提。其次,我们通过加强家风建设,建设良好家风,在代际情感交流中进行精神传承。一直以来,我们都习惯用自上而下的宣传方式来形成我们的精神价值,而家风建设是一种自下而上的方式,从家庭扩散传播到社会,从而形成一股合力,对我们的精神世界产生影响。每个家庭成员在历经锤炼的家风中都会如沐春风,这种家风的教化影响使得广大青年从祖辈处自然习得艰苦奋斗的意识观念。

2.2.9 创新精神培育

习近平总书记曾在与各界优秀青年代表座谈时提出:"青年是社会上最富

活力、最具创造性的群体,理应走在创新创造前列。"①一个国家没有创新意识,
就等于失去了发展的动力和源泉。中华民族自古以来就是非常重视创新的民
族,从"周虽旧邦,其命维新"到"苟日新,日日新,又日新",可以说创新精神是
中华民族与生俱来的禀赋。正是这种不屈不挠的创新精神曾经让我们的民族
创造了许多文明奇迹,在许多领域开创了文明的先河,甚至深刻影响和促进了
世界文明。站在新时代的历史新方位,全党全国各族人民都在为实现中华民族
伟大复兴的中国梦而不懈努力,我们也比以往任何时候更加需要创新精神尤其
是科技创新,这是提升我国社会生产力的重要因素。党的十八大以来更是把创
新驱动发展放在了国家战略高度。广大青年作为实现中华民族伟大复兴的中
国梦的主力军正是最具创造性的群体,肩负着大力弘扬以改革创新为核心的时
代精神的重任。创新的对立面就是"守旧",创新思维和能力就是要破除陈规,
敢于尝试新鲜事物,以及胆大心细地开拓未知领域。按照事物发展规律,一切
事物的发展都是由低级向高级螺旋式上升,而整个国家和社会的进步就是我们
不断创新创造的最终目的。

　　第一,培育和促进广大青年创新精神的发展,首要任务就是鼓励广大青年
要不断学习各种知识。习近平总书记认为青年"应该把学习作为首要任务"②,
同时他还鼓励青年要树立远大理想,应该建立在不断学习科学文化知识的前提
下,成就事业要靠自己的真本领,为自己的青春积累源源不断的能量就是要不
断增长本领。他教育青年把学习作为首要任务,"学习什么?如何学习?通过
什么样的途径来学习?"是摆在每一位青年面前的首要问题,只有学好基础知识
才可谈创新,只有不断更新知识中才能谈创新。青年要向人民学习,要向基层
学习,要学以致用、把所学理论运用于实践并在实践中实现新的突破。正如习
近平总书记提倡的那样,青年要"到基层和人民中去建功立业",在扎根基层过
程中,培养热爱基层、热爱人民的思想情感,从中增长见识、增长才干。青年只
有在基层摸爬滚打,经历一些挫折和磨难,才能在磨难中发现新的契机,迸发出
新的灵感和思维。创新意识的培养不能只停留在书本,更不要脱离广大人民群
众,要紧密联系广大群众,向他们学习各种知识。要始终坚持人民创造历史的

① 习近平.在同各界优秀青年代表座谈时的讲话[N].人民日报,2013 – 05 – 05(2).
② 习近平.习近平谈治国理政:第1卷[M].北京:外文出版社,2018:89.

唯物史观,一切以人民为中心,中国梦归根结底还是广大人民群众的梦想,要坚持马克思主义群众观,紧密地围绕在人民群众周围,了解广大人民群众的需求并以此为努力奋斗的目标和指引,以此来造福群众,赢得群众的认可。只有顺应时代的潮流,紧跟时代的发展需求,紧跟社会群众的真实诉求,青年的学习和工作才是有针对性和现实意义的。闭门造车或者"两耳不闻窗外事,一心只读圣贤书"是不利于广大青年的创新发展的,这就需要全社会也要关心青年,及时给予他们正确的指引,以开放的态度和大胆的尝试来鼓励广大青年涉足新的未知领域。当今世界已经进入"新媒体"时代,这种不受时间空间限制、覆盖面广、自由无约束的信息传递方式对广大青年的生活学习方式产生了重大影响。新时代需要发扬进步精神,与时俱进,主动顺应时代改变和大众心理预期需求而采取适当的沟通方式。当代青年处于这样一个复杂多变的外界环境下,随着现代科学技术的发展和通信技术的进步,学习生活方式发生了重大改变,我们更需要依托现代科学技术手段去更好地学习生活。在这样的大背景下,唯一不变的就是改变,而改变的方式就是创新。广大青年只有不断紧跟社会发展,顺应时代发展的趋势才能不被这个时代所抛弃。

第二,鼓励广大青年在中国特色社会主义建设实践中深入学习。我们目前正处于朝着实现"两个一百年"的宏伟目标奋勇前进的关键时刻,社会主义各项事业正在有条不紊地进行着,尤其是深化改革后,需要全社会集中力量不断创新来完成这一宏伟目标,而青年一代正是推进实现社会主义现代化建设和创新实践的核心力量。广大青年要主动融入改革开放和建设社会主义伟大事业的队伍中。因为广大青年只有努力从我国改革开放和社会主义现代化建设伟大实践中汲取智慧和力量,不断增强知识更新的紧迫感,如饥似渴地学习知识,掌握学问,增强素质,提升能力,才能成为勤于学习、勇于担当、甘于奉献的栋梁之材,才能完成时代赋予的历史重任。青年一方面可以在具体的社会实践中检验自己所学知识,发现当前的局限性;另一方面可以在局限性中不断思考,寻找新的出路。这就是在为社会主义事业贡献自己的力量,培育自己的创新精神,发挥创新精神彰显自己的青春价值。教育青年把学习当成首要任务,就是要教育青年掌握与社会发展相匹配的专业能力和基本素养。这里就涉及要具体学习什么的问题,无论是处于象牙塔的青年还是在社会大熔炉的青年,都必须面对同一个问题:学习什么才能满足自己和社会发展的需求？首先,广大青年要不断提高与时代发展和事业要求相适应的素质和能力。时代发展在以我们不可预测的方式更新换代,尤其在科学技术领域,这必然对青年们提出一定的挑战,带来一定的压力。走出课堂,走出书本,走出自我限定对青年未来的学习十分有必要,这意味要与时代接轨,一方面要抓住时代带来的机遇,利用高科技学习方式便利、高效地掌握新知识;另一方面要良好地利用科技优势、最大限度发挥科技优势,为我们思想教育提供全新的模式、设计好相匹配的思维模式,使我们掌握用科技服务自己的技能。习近平总书记为此呼吁广大青年"既扎实打牢基础知识又及时更新知识,既刻苦钻研理论又要积极掌握技能"①。这里不仅强调了青年学习内容,即基础知识理论和基础技能,还强调了学习态度,那就是不断更新和创新。要将"有字之书""无字之书"的学习有机结合,使其相得益彰。创新意识的培养无法仅靠"有字之书"的理论学习获得,还需要投身于社会大课堂去亲身体会才能感知,这也是习近平总书记对自己青年时期学习工作经历的总结。只有立足于实际的创新创造,才能取得一定成效。广大青年要在社会大熔炉里反复验证真理知识,发掘知识文化和科技领域中创新的可能性,不断积累经验、勇往直前。

2.3　关于青年教育的原则方法

在完成对新时代青年教育研究中教育内容构成要素的阐述后,本书的整体建构也逐渐明朗起来。通过对这些内容的梳理,我们可以深刻地感受到关于当代青年教育总体问题的科学判断。随着我们对新时代青年教育研究的深入,我们能感受到整个理论的高屋建瓴而又贴近实际。要想进一步对新时代青年教育研究体系有更加深入的了解,我们就要进一步整理出其教育方法和原则内容。

2.3.1　青年教育的基本原则

什么是基本原则？我们在谈到"原则"这一主题时,通常认为"原则"就是

---

① 习近平.习近平谈治国理政:第 1 卷[M].北京:外文出版社,2018:89.

具有普遍规定和持久效力的规范。任何行为举止都有一定的标准和规范,制定标准和规范的关键在于原则的确立,只有预先确立好事物发展的基本原则才能确保方向的正确。为了确保在推进当代青年教育工作时方向正确、主题明确、统筹有力,本节对青年教育基本原则进行了归纳和提炼。

第一是两个巩固原则。新时代青年教育研究是对于培养什么样的青年的思想的阐述。对青年的教育是党的一项重要工作,我们知道,在关于培养什么青年、怎么培养青年、为谁培养青年这一根本问题上,党的十八大报告从立德树人这一根本任务出发给出了相应的指引——坚持教育要培养德智体美全面发展的社会主义建设者和接班人;坚持教育要为社会主义现代化建设服务、为人民服务。这是对中国特色社会主义教育本质做出了科学阐述和高度总结。回顾以往,我们的社会主义事业一路走来并不是十分顺畅,基本上是摸着石头过河、敢于冒险地去探索才能一路披荆斩棘稳步向前。如今,我们正处于大力发展社会主义事业时期,青年的教育关系到中国特色社会主义伟大事业是否能够顺利代代相传的问题。因此,我们的教育要遵循一个重要的前提,那就是为中国特色社会主义事业培养人才,为团结全党全国各族人民而培育人才。党的青年教育的根本任务就是培养中国特色社会主义各项事业的建设者和接班人。这与十八大提出的教育任务在本质属性上是保持一致的:立德树人,培养什么样的人? 自然也就是以青年群体为核心力量的社会主义事业建设者和接班人。

"两个巩固"作为当代青年教育重要的基本原则,即巩固马克思主义在意识形态领域的指导地位,巩固全党全国人民团结奋斗的共同思想基础①。首先,巩固马克思主义在意识形态领域的指导地位意味着新时代青年教育思想必须要坚持马克思主义信仰不能动摇。这是青年教育的根本宗旨,也是我们立国立党的根本要求,广大青年的教育思想必须建立在这个基础之上方可谈日后的成长成才。我们教育青年是为了培养社会主义人才,广大青年日后成才也要为社会主义建设做贡献。巩固全党全国人民团结奋斗的共同思想基础就是需要我们用中国梦、社会主义核心价值观、中国精神等思想内容来凝心聚力。青年教育的最终目的也是通过理想信念教育和价值观教育等方式来统一广大青年思想

---

① 中共中央文献研究室.十八大以来重要文献选编(上)[M].北京:中央文献出版社,2014:465.

基础,团结广大青年,使得他们认识到选择马克思主义信仰、选择中国共产党的历史性和必然性。

第二是以人为本原则。思想教育工作的本质就是做好人的工作。这个重要论断揭示了当代青年思想教育工作的重要原则就是要关注人的发展,这也是思想教育工作的重点内容。我们研究的当代青年教育对象不仅仅是高校青年师生、青年党员干部、青年军人等,以往我们谈及当代青年教育工作的重点对象时,比较容易忽略其他领域其他阶层的青年群体。我们可以通过促进各行各业各领域的青年教育工作与现实生活相融合的一体化的方式,实现全覆盖工作格局,以确保每个青年都有出彩成才的机会。

"人在哪里,工作的重点就在哪里",这一教育原则就是提醒我们在实施青年教育工作的具体社会实践当中,不仅要关注高校青年师生、军人、党员干部等特定群体思想政治教育工作、马克思主义理论教育和理想信念教育,更需要重点关注那些企业基层工作者、自主创业人员、农民工、社会流动人员等其他社会阶层中的青年群体,给他们营造思想教育的良好环境氛围。目前,一些领域和阶层中出现的教育组织力量薄弱、制度形同虚设、追求形式主义而忽略教育内容等现象仍然存在,我们要深入其中去摸索并给予应对措施。我们知道西方国家一些敌对势力将意识形态这场无硝烟战争的突破口锁定在当代青年教育组织薄弱的领域,尤其是处于社会边缘、对社会感到不公的青年群体身上。他们由于处于弱势地位,社会地位低下、文化层次较低,缺乏独立思考能力,而且游离在一定的组织之外缺乏获得主流意识形态教育的机会,对理想信念等价值观比较陌生,给整个国家发展和社会安全埋下了隐患。当前我们社会还没有形成行之有效的青年思想教育大格局,一些错误思潮无孔不入地影响着广大青年的思想动态。许多涉世未深的青年学生离开象牙塔步入社会后忙于眼前的名利追求而缺乏理想信念教育的反复洗礼和自省,再加上整个社会还没有形成成熟的教育合力机制,我们的青年思想教育面临许多的困难和挑战。

习近平总书记在全国宣传思想工作会议上提出的"人在哪儿重点就应该在哪儿"及时回应了当下青年教育中的实际需求。这一基本遵循针对前文阐述的现象给予了最好的回应和解决方案,同时也是当代青年思想教育确立行之有效发展战略的关键所在。在高校层面上"形成党委统一领导、各部门各方面齐抓共管的工作格局"①,就是遵循"人在哪儿,青年教育工作的重点就在哪儿"这一教育原则的物质基础,也是社会各领域各阶层的青年教育工作所效仿的标杆。以人为本的教育原则就是要求我们不仅针对高校青年形成教育的合力,还要在社会各领域、各部门、各阶层形成一个全面覆盖的教育网络,并结合顶层设计打造一个有利于弘扬中国梦的宣传教育环境,营造一个有利于培育和践行社会主义核心价值观等理想信念和价值精髓的宣传教育氛围。

第三是两个相统一原则。习近平总书记在纪念五四运动100周年大会上说:"我们要悉心教育青年、引导青年……要坚持关心厚爱和严格要求相统一、尊重规律和积极引领相统一。"②习近平总书记根据青年成长特点和教育规律,提出了"两个相统一"教育原则。习近平总书记把教育广大青年比喻成培育幼苗,我们应该在青年不同的发展阶段给予培土、浇水、施肥、打药、整枝等一系列的精心培育。广大青年正处于人生关键期,但是由于还未形成稳定的价值观,对待事物看法视角单一,辩证思维能力还不成熟,很容易受到错误思潮环境的干扰。我们应该积极主动关心关爱广大青年,"当代青年遇到了很多我们过去从未遇到过的困难"③,针对他们的实际情况给予关心和指导从而帮助他们渡过难关,"在青年成长的关键处、要紧时拉一把、帮一下"④。与此同时,我们又不能过度保护,还要对广大青年提出一定的要求,鼓励他们在每个阶段通过不断努力具备一定的知识水平和业务能力。

"尊重规律和积极引领相统一"就是要求社会各部门尤其是从事青年教育工作的相关部门尊重青年自身发展和青年教育规律,理解青年、关爱青年、信任青年。我们在尊重青年自身发展规律的同时还要遵循青年思想教育规律。对此,习近平总书记在全国高校思想政治工作会议上总结性地提出了三个思想政治教育工作规律:"做好高校思想政治工作,要因事而化、因时而进、因势而新。要遵循思想政治工作规律,遵循教书育人规律,遵循学生成长规律,不断提高工

---

① 张烁,鞠鹏.习近平在全国高校思想政治工作会议上强调:把思想政治工作贯穿教育教学全过程,开创我国高等教育事业发展新局面[N].人民日报,2016-12-09(1).
② 习近平.在纪念五四运动100周年大会上的讲话[N].人民日报,2019-05-01(2).
③ 习近平.在纪念五四运动100周年大会上的讲话[N].人民日报,2019-05-01(2).
④ 习近平.在纪念五四运动100周年大会上的讲话[N].人民日报,2019-05-01(2).

作能力和水平。"①我们要在尊重规律的基础上,将广大青年引领到正确的成长道路上来。如引领广大青年走向成长的道路,最关键的还是思想的引领。我们要用社会主义核心价值观、中国梦、中国精神等内容来积极引领广大青年的思想走向,为广大青年创造有利的成长条件。

第四是主动占领阵地意识原则。按照事物发展规律,由低级向高级螺旋式上升,整个国家和社会的进步是我们从事一切社会活动的最终目的。当今世界已经进入了新媒体时代,这种不受时间空间限制、覆盖面广、自由无约束的传播方式对社会思潮的传播影响深远。上层建筑对经济基础的影响是显而易见的,当下各种社会思潮作为上层建筑范畴,直接影响着国家社会是否稳定健康向前发展。站在新的历史起点,当代青年面临着巨大的机遇和挑战。面对转瞬即逝的信息和错综复杂的价值观念的冲击,我们需要及时占领思想领域各种阵地来引领广大青年。这对于新时代的青年教育工作给出了具体的指引,强调了当前的青年教育必须遵循增强阵地意识原则,这也是对意识形态建设的本质要求。尤其是针对当下网络新媒体等新传播方式的普及,主动占领网络思想阵地已经成为我们开展青年教育的重点领域。广大青年永远是社会的弄潮儿,对于新鲜事物的接受度和好奇心都使得他们成为网络新媒体的忠实使用者。无论社会如何发展,我们要做的就是与时俱进、紧跟时代脚步、紧跟青年发展的脚步,积极主动成为广大青年的思想导师从而引领他们健康成长。

习近平总书记曾在全国宣传思想工作会议上指出,在我们的思想意识形态领域中有"三个地带",红、黑、灰分别是主阵地、要消灭的阵地、要争取的阵地。对于我们的红色主阵地要坚守,压缩并取缔黑色地带以及大张旗鼓争取灰色地带转变成我们的红色地带。这一重要论断告诉我们,推进当代青年教育工作,必须要有坚定的阵地意识,积极主动地处理思想领域的"三个地带",尤其是不断加强我们的"主心骨"阵地的建设,维护好"红色地带"的思想引领建设,使得代表真理和进步的"红色地带"成为我们宣传和扩张地带的重要桥梁。比如主流的媒体、高校、党校、军队等核心组织力量是这个红色地带的主要构成,它们是推进当代青年思想教育、培养中国特色社会主义接班人的中坚力量。我们认

---

① 张烁,鞠鹏. 习近平在全国高校思想政治工作会议上强调:把思想政治工作贯穿教育教学全过程,开创我国高等教育事业发展新局面[N]. 人民日报,2016－12－09(1).

为任何事物发展都要抓住它的主要矛盾,也就是抓住本质。我们在意识形态领域的关键本质当然就是"红色",这也是教育广大青年不忘初心的本源,在意识形态领域工作中要带领广大青年始终坚持高扬"红色"旗帜,永葆"红色"心灵。第二个地带是"黑色","黑色"是意识形态领域里与"红色"相对立的一面,也是反抗"红色"的一面。针对"黑色"地带,我们要果断地辨别出并当机立断地抓住问题的核心,抓住对立面的主心骨。这些充斥在网络边缘地带、游离于法律边缘的负面信息和言论,尤其是被西方敌对势力包装输出到我们国家的错误思潮是构成"黑色"地带的主要成分。对于黑色地带,我们要敢于揭穿、敢于亮剑、敢于交锋、敢于对质、敢于击破图谋不轨的真正意图,要不断压缩"黑色"地带、限制"黑色"带来的负面影响并及时进行纠正。第三个地带就是"灰色"地带,这是意识形态领域中的模糊地带,不"红"也不"黑",是我们必须努力争取的领域,我们开展各种理想信念教育就是为了大力争夺这个"灰色"地带,转化这个"灰色"思想领域。当代青年教育的职责在于用"红色"地带引领广大青年的思想走向,及时辨别并采取有效措施抑制广大青年的"黑色"思想,对于"灰色"地带我们要尽最大的努力进行转化。这也是我们开展新时代青年教育研究的目的所在。我们要通过增强阵地意识这个思想教育原则使得意识形态领域里的"红色"更红,让"黑色"褪去,并且要将"灰"转"红"。

2.3.2 青年教育的主要方法

我们开展一切思想理论的研究都必须涉及方法论,这也是避免我们的理论研究脱离实际,避免过于抽象和空洞的重要前提。建立在正确的方法论基础上的理论研究才能有据可依。在西方哲学的世界里,没有认识论的本体论是行不通的,也是无效的。只有将主客体经过严谨分析和逻辑论证达成统一,才能建立起有效的世界观。我们经常用马克思主义理论的立场和方法来解决现实问题或检验真理。马克思主义是世界观和方法论相统一的思想体系,是值得反复论证和推理的一套科学的思想体系。"科学"一词很容易让人联想到自然科学领域,如实证研究、数量关系、逻辑推理,这是狭义上的科学,而广义的科学则涵盖了人文社会类领域。所谓的科学精神就是遵循客观事实和事物发展规律,经得住历史检验并反复求证的精神。当前我们不仅要坚定马克思主义理论是一套科学思想体系这一深刻认识,还要运用这一科学标准去辨别其他思想理论的真伪。比如对当前社会思潮的评判标准,即判断一种思潮是否科学最直接方式就是看其是否符合马克思辩证唯物主义和历史唯物主义的观点。新时代下,我们引领广大青年要用科学精神自我辩证、防微杜渐,警惕无孔不入的错误思潮利用各种手段来消解主流价值观。何为科学的理论?马克思、恩格斯的经典理论实践为我们做出了解答:要以符合历史发展规律的理论来引领社会思潮,而始终代表无产阶级利益的马克思主义就是这样的科学理论体系,它不仅阐释了人类历史发展规律,而且坚持以广大人民群众的利益为前提不断探索和解答各种理论实践等问题。这也是为什么马克思主义能够保持主流意识形态地位的根本原因。

习近平总书记认为推进当代青年教育必然要有一套正确并行之有效的科学方法,因此,习近平青年教育思想继承了马克思主义思想体系中重要的思想原则,并结合当前中国青年教育实践确立了当代青年教育的重要原则。我们在学习和阐释新时代青年教育研究时离不开对其所蕴含的方法论思想进行探索和挖掘。作为新时代青年教育研究中不可或缺的一部分内容,它意在集中探讨关于推进当代青年思想教育的科学逻辑思维所在、规律探索以及实践转化等方法论思维所做出的总体规划。在科学正确的方法论思想指导下,我们将对新时代青年教育的最新方法进行阐述和探讨。

一是实践育人法。新时代青年教育有新的内容,新形势下青年教育也有新的规律,我们的青年教育方法也要因时而进。中国共产党历来都很重视实践活动,在实践中出真知、出人才。新时代下,我们比以往任何时代都更加重视青年的社会实践。习近平总书记也非常重视通过实践育人的方法引领广大青年成长成才。马克思主义的鲜明特征就是实践性,离开了客观的实践就无法检验主观意识下产生的理论真伪。人类从诞生起就离不开实践活动,一个现实中的人要完全社会化就必须投身于社会实践活动中才能求生存、求发展。

习近平总书记在许多青年座谈讲话以及与青年的通信中多次强调了实践的重要性以及怎么通过实践来成就未来事业。从习近平总书记在 2014 年与北京大学师生代表座谈时就提出"勤学、修德、明辨、笃实"的"八字要求"①,到

---

① 习近平.青年要自觉践行社会主义核心价值观:在北京大学师生座谈会上的讲话 [N].人民日报,2014－05－05(2).

2018 年再次来到北京大学与师生代表座谈提出的爱国、立志、求真、力行的"四点希望",再到纪念五四运动 100 周年大会上的树立远大理想、热爱伟大祖国、担当时代责任、勇于砥砺奋斗、练就过硬本领、锤炼品德修为的"六大要求"①,始终提到实践这一宝贵品格。习近平总书记还鼓励广大青年除了读有字之书,还要多多走出去读无字之书,这个"无字之书"指的就是社会经验和实践。他提醒广大青年莫要成为"书呆子",只有投身到社会实践中才能提升自己的实际能力,通过投身于社会主义现代化建设中来增加自己的才干,真正实现知行合一。他鼓励广大青年要把自己的奋斗精神、创新创造精神化为实践动力,无论在哪个行业、哪个岗位,都要本着爱岗敬业的精神将内心的抱负和志向融合在国家和社会发展的大运动中,抓住时代发展的机遇,勇敢地迈向改革的浪潮中放手拼搏,实现人生的价值。

二是文化育人法。要通过文化浸润、感染、熏陶等方式来教育广大青年,文化育人是对中华优秀传统文化的继承和弘扬。首先,中国传统文化中蕴含着许多优秀的育人哲理和解决教育难题的方法,是广大青年"修身"的重要理论源泉。我们要善于用中国传统文化以及中国特色社会主义文化来教育广大青年。广大青年只有在自己的文化基因中找到精神支撑和信仰才能做到真正的文化自信,才能坚定道路自信。其次,文艺是铸造灵魂的工程,文艺工作者肩负着传递正面、积极、健康的信息和价值观的使命,更要通过身体力行来感染广大青年。文艺呈现出来的文化内涵有着传承性,那就是中华传统文化基因的优势。我们对传统文化的感知大部分来自文艺影视作品或者文艺创作书籍。每个时代的文艺工作者都通过不同的文艺内容和形式来展示那个时代的思想和价值观,反映时代精神和时代意识形态本质,从而引领着这个时代的思想潮流。因此,文艺对广大青年的影响也是极其重要的,任何一个时代的文艺作品都是这个时代特征的产物,反映了这个时代的国家和民族的精神需求。高质量的文艺创作不仅能更好地传承中国文化,而且能指引青年努力奋斗的方向,在中华传统文化基因中找到精神力量和智慧营养。广大文艺青年工作者应该继承和发扬文艺创作中的优秀文化精髓实质,与整个国家和民族的发展休戚与共才能承

---

① 习近平. 在纪念五四运动 100 周年大会上的讲话[N]. 人民日报,2019 - 05 - 01(2).

担起时代使命,才能更好地为指引同时代的青年做出应有的贡献,承担好重要的社会责任。最后,通过建设清新的网络文化为广大青年营造风清气正的网络意识形态氛围。习近平总书记指出,要"做到正能量充沛、主旋律高昂,为广大网民特别是青少年营造一个风清气正的网络空间"①。广大教育工作者要积极主动占领网络阵地,掌握网络新媒体发展特点以及网络文化对青年引领规律,从而发挥网络教育功能。

三是心理辅导法。2017年3月,全国高校思想政治工作会议在北京召开,习近平同志发表了重要讲话,其中就强调了对青年群体的"人文关怀和心理疏导",并把心理健康教育提到重要位置上来。过去我们在思想政治教育过程过于注重"教",忽略了受教育者的"主体性"和"主观能动性",忽略了受教育者的"非智力"因素在整个教育过程中的重要作用。随着社会发展造成的竞争压力的加大,许多青年群体面临着各种认知不足和思想不成熟造成的心理困扰,不仅影响学业和个人的发展,而且持久的内心冲突对生活造成了严重的困扰。毫无疑问在解决此类思想问题的时候,应先改变认知,改变不合理信念,保持健康的心理状态,再去解决如何形成正常的人生观和价值观的问题。习近平曾经提到"把思想政治工作贯穿教育教学全过程"。如何贯穿于教育教学全过程呢?我们的教育不仅仅要传道授业解惑,更是要在进行"导"的工作之前做好"疏"的工作。"疏"的工作可以通过心理健康教育帮助青年群体建立良好的心理状态,增强心理素质,为有效开展思想政治教育工作打下良好的心理基础。高校作为青年聚集地,自然成为青年思想政治教育的重要基地,对青年大学生进行心理疏导的同时加入对其价值观的引导,成为中国特色社会主义下高校心理健康教育工作者开展心理咨询工作的新方向。这个阶段的青年处于迷茫期,对周围的世界处于由非理性向理性认知过渡的阶段。在价值观多元化和西方价值观无孔不入的大环境下,青年们犹如"小马过河",反复地求证和试错。在高校学习的青年们更是处于一个对社会的"延缓偿付期"。如何在这个"延缓期"完成自我同一性呢?青年不仅需要纯粹的心理咨询和疏导,更需要有价值导向的思想教育。从这个层面来说,心理健康教育便是一种隐性的思想政治教育方

---

① 姜洁,张铎.习近平主持召开网络安全和信息化工作座谈会强调:在践行新发展理念上先行一步　让互联网更好造福国家和人民[N].人民日报,2016-04-20(1).

式,只有从情感和认知层面上获得认同,才能在"毫无防备"中埋下"思想"的种子。

四是榜样引领法。习近平总书记曾经说过:"伟大时代呼唤伟大精神,崇高事业需要榜样引领。"①我们的青年教育事业也需要榜样的引领,我们党历来重视树立典型榜样的教育方法。不同历史时期下,典型榜样的具体表现不一样,但是他们都是先进人物的生动符号,是人们精神追求的标杆并以实际行动影响着相当一部分人群。榜样的示范力量可以激发广大青年不断向上,帮助他们树立正确的价值观。同时,榜样有着行为规范指引的作用。每个年代榜样的典型代表了不同时代的价值观。从新中国成立至今,我们有着无数的英雄事迹和模范典型作为我们开展青年教育的内容。榜样示范的精神内涵也随着时代的变化有了新的内容,新时代的榜样精神内涵更加贴切现实,符合现实生活人民的期待和向往。尤其是处于和平年代的人们,不再需要为解救"水深火热"的祖国而大义凛然地抛头颅洒热血,但是我们仍然需要英雄榜样情怀来引领广大青年。"榜样"更是我们传播和践行社会主义核心价值观的重要载体。习近平总书记倡导积极运用榜样引领法来提高广大青年的德行修养,提升广大青年的思想境界。习近平个人就是广大青年学习的好榜样,青少年时期的习近平主动前往贫穷落后的梁家河,为梁家河的百姓解决了许多实际问题,克服了许多难关,带领梁家河的百姓们过上了好日子。在异常艰苦的环境里,他仍然坚持学习和阅读,理论联系实际地解决当下问题,在这段艰苦充实的岁月中得到了沉淀,积累了坚毅的品质也培养了深厚的人民情怀。青年时期的习近平通过深入基层、深入实践证明了奋斗是青春最值得的选择,为广大青年树立了学习的榜样。

"青年模范人物是广大青少年学习的榜样,肩负着更多社会责任和公众期望,在青少年中乃至全社会都有着很强的示范带动作用。"②身处同一时代同一环境的优秀青年也是广大青年学习效仿的对象,通过优秀典型人物中真实的实践经历可以激发广大青年积极向上的动力,引领青年主动追寻成才的目标。

---

① 习近平.习近平谈治国理政:第1卷[M].北京:外文出版社,2018:159.
② 习近平.在同各界优秀青年代表座谈时的讲话[N].人民日报,2013-05-05(2).

"好老师首先应该是以德施教、以德立身的楷模。"①大部分青年在自己的人生观、价值观和世界观刚刚形成时期还在象牙塔里储备自己的知识能量。广大人民教师的行为表率直接影响着广大青年学子,无论是政治立场、治学态度、思想品德还是价值观念都通过言传身教的方式左右着广大青年,广大青年更视之为成长的榜样。最后,家庭教育在青年成长中起着关键作用,父母的榜样力量不可低估。习近平总书记非常重视家庭教育尤其是家风建设,好的家风在代际间的传承,潜移默化地影响着广大青年的价值观。所以,家庭中上一辈的榜样示范有利于下一代的健康成长,好的榜样内涵需要正确的价值理念来充实。当代中国社会主义核心价值观作为现代家风建设的核心理念对广大青年品德修养的养成具有重要意义,家庭里父母承担着重要的榜样示范作用,通过家风传承方式有利于塑造健康的人格,培养有责任、有担当的青年。

---

① 习近平. 做党和人民满意的好老师:同北京师范大学师生代表座谈时的讲话[N].人民日报,2014-09-10(2).

第3章　新时代青年教育研究的鲜明特征

新时代青年教育研究作为新时代青年教育的理论实践指南,对青年成长成才具有重要的指引。新时代青年教育研究不仅继承了马克思主义青年观的精髓实质,更是在国际和国内大背景下,丰富和发展了中国化的马克思主义青年思想理论。新时代青年教育研究具有显著的理论特色,整理和分析新时代青年教育研究的理论特征有助于我们更好地掌握新时代青年教育研究的内涵实质。新时代青年教育研究的主要特征包含高瞻远瞩的战略性、立足实际的实践性、态度鲜明的政治性、与时俱进的时代性、底蕴浓厚的民族性、和而不同的世界性。这些理论特征之间存在一定的辩证关系:战略性与实践性相统一、政治性与时代性相统一、民族性与世界性相统一、科学性与艺术性相统一。这些特征充分展示了新时代青年教育研究的哲学思辨性。

3.1　战略性与实践性相统一

新时代青年教育研究的战略性是其重要特征,这一理论体系的建构从青年教育的目标定位、青年教育内容以及青年成长成才的途径都与国家发展前途命运紧密地联系在一起,立足于国家战略的重要高度,使得这一理论体系具有高瞻远瞩的战略性。然而,正是立足实际的实践性这一特征确保了战略落实到行动,确保了新时代青年教育研究这一理论体系没有被束之高阁,而是真真切切地为当代青年教育实践发展提供了重要指引。

3.1.1　高瞻远瞩的战略性

综观新时代青年教育研究的具体内容,我们发现这一思想体系的建构必然是高屋建瓴的长期工程,要上升到国家战略的重要高度。新时代青年教育研究将青年的需求与时代的需求紧密地联系在一起,将青年的发展与国家的命运前途紧密地联系在一起,是一门极具长远战略眼光的理论研究。

　　新时代青年教育研究所具有的战略性,主要体现在把青年现阶段发展需求与时代的未来发展紧密结合起来。青年具有朝气蓬勃、不屈不挠的精神特点,他们带着强烈的求知欲和发展欲在新时代里拼搏进取。要帮助广大青年抓住人生发展的黄金期,将广大青年教育提到一个重要的位置,那就要将广大青年现阶段的发展与时代发展紧密联系起来。正是基于这样的深刻认识,习近平提出了"重视青年就是重视未来"。当前,我国正处于实现"两个一百年"的关键时期,未来的发展急需广大青年的热情参与,只有把广大青年发展需求与时代发展需求紧密结合起来,才能实现我们伟大的目标。要"在实现中国梦的历史进程中放飞青春梦想",这是习近平对广大青年履行时代责任的郑重召唤,呼唤广大青年要在时代发展的进程中实现自己的人生价值。

　　新时代青年教育研究具有高瞻远瞩的战略性,还体现在善于把青年每一步成长与国家的需求紧密结合起来。青年群体具有创造力、不畏艰难的显著特点,他们有着强烈的自我发展意愿和实现自身价值的渴望。如何帮助广大青年更好地实现自己的梦想,更好地成长成才? 这就需要站在一个更高的战略角度去思考这个问题。习近平总书记从未放弃过对这个问题的思考,他认为"青年兴则国家兴,青年强则国家强。青年一代有理想、有本领、有担当,国家就有前途,民族就有希望"①。重视青年就是需要将青年的发展与国家命运前途联系在一起,因此才有了"青年兴则国家兴"的战略定位,这将是我们未来长时间要坚持的战略规划。只有广大青年发展了,才可以为国家的发展提供重要的人才支撑。从这点来看,国家的发展与青年的成长密不可分。我们只有树立高瞻远瞩的战略思维,做好青年思想领域工作,才能打好舆论领域的胜利战争。广大青年的教育必须讲究战略和战术,这是一项长远的伟大工程,是一场讲究战略战术的持久战。

3.1.2　立足实际的实践性

　　新时代青年教育研究中的重要思想都产生于治国理政实践过程中,并随着治国理政实践的不断推进而发展。因此,实践性是新时代青年教育研究的基本

---

　　① 习近平.决胜全面建成小康社会　夺取新时代中国特色社会主义伟大胜利:在中国共产党第十九次全国代表大会上的报告[N].人民日报,2017－10－28(1).

要求。"纸上得来终觉浅,绝知此事要躬行。"习近平在许多关于青年教育的座谈会上重点强调了广大青年要身体力行,知行合一。他认为,道不可坐论,德不能空谈。当代青年该如何成长成才,除了扎扎实实地学好理论本领,更是要在实处用力,付诸实践并通过实干取得成功。这是习近平对当代青年的谆谆教导。

新时代青年教育研究具有立足实际的实践性,主要体现在社会实践在青年教育中的重要性。新时代青年教育研究从何而来?从实践上来讲,这是从多年基层实践经历,以及对青年发展规律的准确把握上得来的。这些经验对广大青年的成长成才来说具有切实的指导意义。广大青年不仅要读有字之书,还要读无字之书,读无字之书就是要求广大青年拜基层为师、拜实践为师,才能书写自己的精彩人生。基于这样的认识,习近平提出"所有知识要转化为能力,都必须躬身实践。要坚持知行合一,注重在实践中学真知、悟真谛,加强磨炼、增长本领"①。新时代青年教育就是要立足于实际的基础上,强调实践的重要性,把身体力行中的感悟与理论知识结合起来,引导和促进广大青年重视实践、积极参与实践活动,重视在实践中学习,提升认知和领悟真理进而增长才干。广大青年通过理论指导去检验实践,再从实践体验中提炼出新的理论才能增长真本领。广大青年实现伟大理想目标的重要方式就是深入基层,通过基层锻炼和深入基层的体验来感知实践的魅力从而实现个人的价值。

新时代青年教育研究具有立足实际的实践性,还体现在这一理论是在青年发展规律基础上得出的科学认知。多年的基层经历让习近平深谙青年发展实践规律的重要性,他认为广大青年就要在年轻时候多吃苦多历练自己,而不是安逸地躲在温室中虚度青春。于是他告诫广大青年:"现在,青春是用来奋斗的;将来,青春是用来回忆的。"②他立足于当下实际,提出广大青年要勇于在实践中探索适合自己的人生道路,彰显了新时代青年教育研究的实践性。

3.2　历史性与时代性相统一

新时代青年教育研究的历史性是其本质特征,历史性体现在延续了马克思

---

① 中共中央文献研究室.习近平关于青少年和共青团工作论述摘编[M].北京:中央文献出版社,2017:53.

② 习近平.习近平谈治国理政:第1卷[M].北京:外文出版社,2018:54.

主义中国化青年教育思想的一贯传统,那就是坚持党管青年,这使得新时代青年教育研究具有一脉相承的历史性。当代青年教育不仅要保持正确的政治方向这一历史传统不动摇,还要与时俱进体现当代青年教育的时代性。事物不可能一成不变,任何事物都在不断运动发展中,新时代青年教育研究更是立足于新的历史方位,为解决当前青年教育存在的实际问题给予了明确的应对思路和具体解决方案。

3.2.1　一脉相承的历史性

从毛泽东重视青年政治觉悟,提出的“三好”青年要求,把青年培养成身体好、学习好、工作好的社会主义建设者和接班人,到邓小平的“四有新人”教育,再到江泽民提出的“五个成为”①的要求以及胡锦涛提出“四个新一代”②作为青年发展核心,无不体现出党和国家领导人对青年教育的高度重视,尤其是对青年思想政治教育的重视。新时代青年教育研究立足于前人基础之上,结合时代需求强调国家的未来在青年,青年的关键是教育,要把广大青年培养成为中国特色社会主义事业的建设者和接班人。这一脉相承的对青年教育以及对青年教育中党性教育的重视体现了新时代青年教育研究的历史性。

新时代青年教育研究具有一脉相承的历史性,体现在强调青年教育坚持党性这个政治大方向不动摇,也就是说要坚持党对高校的绝对领导、对新闻舆论媒体工作的领导、对文艺领域工作的领导、对军队的绝对领导,要做到一切都是为了中国特色社会主义制度和国家的发展、人民的团结和社会和谐的稳定。中国共产党历来重视青年教育,强调了青年教育的政治性,要注重青年的思想政治教育。党和国家领导人都十分重视党管青年,认为青年教育工作必须在党的领导下开展。习近平总书记鼓励广大青年“用一生来践行跟党走的理想追求”③。不忘初心跟党走就要求青年这一生当中努力去实践跟党走的理想信念,不忘初心跟党走就是在坚持正确的方向中实现个人的最大价值。鼓励广大

————————

　　① 江泽民.在庆祝清华大学建校九十周年大会上的讲话[N].人民日报,2001－04－30(1).

　　② 胡锦涛.胡锦涛致信中国青年群英会[N].人民日报,2007－05－05(1).

　　③ 习近平勉励中国政法大学民商经济法学院1502班团员青年:用一生来践行跟党走的理想追求[N].人民日报,2018－05－04(1).

青年要坚持党性,就是要巩固马克思主义在意识形态领域的主导地位,巩固我党团结全国人民凝心聚力的思想基础。广大青年要有坚定的政治立场,坚决拥护党的正确决定,时刻与党中央保持一致。这些都是中国共产党对青年的传统要求。

新时代青年教育研究具有一脉相承的历史性,还体现在青年教育中强调理想信念的重要性。习近平强调:"志不立,天下无可成之事。"①"广大青年要勇敢肩负起时代赋予的重任,把理想信念建立在对科学理论的理性认同上,建立在对历史规律的正确认识上,建立在对基本国情的准确把握上,永远紧跟党高高举起中国特色社会伟大旗帜。"②可见,理想信念的树立应该注意以下问题:一是树立理想信念首先要有远大志向,"有志者事竟成",只有树立志向,理想信念的树立才有不竭动力;二是树立理想信念要有相关的理论知识储备,这些理论知识储备包括马克思主义理论,相关历史知识,和对世情、国情、党情、民情的把握;三是树立理想信念要跟党走,要在教育和引导广大青年认识和探索中国特色社会主义道路过程中,正确地把握人类发展的必然性,从而坚定他们为中国特色社会主义事业不断奋斗努力的决心和信念。

新时代青年教育研究具有一脉相承的历史性,还体现在重视广大青年的社会主义核心价值观教育。我党一直都很重视青年的价值观教育,在每个历史阶段都有符合当下社会发展需求的核心价值内涵来引领广大青年。著名心理学家马斯洛指出,人的最高层次需求就是实现个人的最大价值。青年阶段是人生中最富有创造力和奋斗精神的重要时期,青年极其渴望施展自己的才华和实现自身的各种价值。青年的人生价值观不仅影响着自身的发展,更是深刻地影响着整个社会的主流价值趋势。习近平总书记认为在青年时期建立好正确的价值观"就像穿衣服扣扣子一样,如果第一粒扣子扣错了,剩余的扣子都会扣错。人生的扣子从一开始就要扣好"③。要扣好第一粒纽扣,就要教育好广大青年

---

① 习近平. 在庆祝中国共产党成立 95 周年大会上的讲话[N]. 人民日报,2016 – 07 – 02 (2).

② 王晔,李学仁. 习近平在中国政法大学考察时强调:立德树人德法兼修抓好法治人才培养　励志勤学刻苦磨炼促进青年成长进步[N]. 人民日报,2017 – 05 – 04(1).

③ 习近平. 青年要自觉践行社会主义核心价值观:在北京大学师生座谈会上的讲话[N]. 人民日报,2014 – 05 – 05(2).

不误大好时光,努力学习好自己的看家本领,审时度势在社会时代潮流中慧眼识珠,并形成健康正确的价值观。

3.2.2 与时俱进的时代性

党的十八大以来,习近平总书记依据新时代发展的特点和规律对青年教育目标和任务提出了新的要求。他将实现中国梦与当代青年运动的时代主题结合起来,鼓励广大青年将个人发展与祖国前途命运紧密地结合起来。他在2013年6月20日同团中央新一届领导班子集体谈话时的讲话中指出:"当前,全党全国各族人民正在为实现党的十八大提出的奋斗目标而奋发努力,正在朝着实现中华民族伟大复兴的中国梦而奋勇迈进。这是党和国家工作大局,也是中国青年运动的时代主题。"①与此同时,习近平总书记结合新时代的特点强调:"现在,我们比历史上任何时期都更接近实现中华民族伟大复兴的目标,比历史上任何时期都更有信心、更有能力实现这个目标。行百里者半九十。距离实现中华民族伟大复兴的目标越近,我们越不能懈怠,越要加倍努力,越要动员广大青年为之奋斗。"②

新时代青年教育研究具有与时俱进的时代性,主要体现在这一理论是基于时代特征提出的符合当下青年发展需求的时代产物。马克思认为,"一切划时代的、体系的、真正的内容的产生,都是由于产生这些体系的那个时期的需要而形成起来的"③。新时代青年教育研究不仅是时代的产物,更是随着时代的变化不断地与时俱进。2014年5月4日,习近平总书记在与北京大学师生座谈时指出:"青年是标志时代的最灵敏的晴雨表,时代的责任赋予青年,时代的光荣属于青年。"④每个青年都有自己的际遇和选择,要结合自己所处的时代特征来创造人生,既要掌握一定的文化理论知识和技能,又要具备和发展与时代需求相适应的综合素养,这样才能不负韶华,不负时代赋予的责任和机缘。新时代

① 中共中央文献研究室.习近平关于实现中华民族伟大复兴的中国梦论述摘编[M].北京:中央文献出版社,2013:7-8.

② 习近平.习近平谈治国理政:第1卷[M].北京:外文出版社,2018:50.

③ 中共中央马克思恩格斯列宁斯大林著作编译局.马克思恩格斯选集:第2卷[M].北京:人民出版社,1995:32.

④ 习近平.习近平谈治国理政:第1卷[M].北京:外文出版社,2018:167.

青年教育研究在深刻分析和掌握新时代和平与发展的重要主题基础上,鼓励广大青年发扬五四精神,将跨时空的五四精神与时代主题结合起来,在党的领导下,勇敢地走在时代前列,成为新一代的奋进者、开拓者、奉献者……

青年的教育方法也要注重时代性,要与时俱进地选择符合新时代下青年发展规律的教育方法。在全国高校思想政治工作会议上,习近平总书记还总结性地提出了"做好高校思想政治工作,要因事而化、因时而进、因势而新。……要运用新媒体新技术使工作活起来,推动思想政治工作传统优势同信息技术高度融合,增强时代感和吸引力"①。开展青年教育工作要建立在一定的科学理论基础上,立足于基本国情的准确把握以及遵循历史规律的认识,再结合教书育人和青年成长规律,才能做好广大青年教育工作。这就是根据时代变迁、形势变化来有效地保持与当代青年的沟通交流,从而增强青年教育的实际效果。我们在前面关于青年教育的方法中也探讨过,新时代青年教育有新的内容,新形势下青年教育也有新的规律,我们的青年教育方法也要因时而进,有实践育人法、文化育人法、心理辅导法以及榜样引领法。习近平总书记十分重视通过实践育人的方法引领广大青年成长成才,以及通过文化浸润、感染、熏陶等方式来教育广大青年,文化育人是对中华优秀传统文化的继承和弘扬。而心理辅导更是一种隐性的思想政治教育方式,只有从情感和认知层面上获得认同,才能在"毫无防备"中埋下"思想"的种子。从新中国成立到新时代,我们有着无数的英雄事迹和模范典型作为我们开展青年教育的内容。榜样示范的精神内涵也随着时代的变化有了新的内容,新时代的榜样精神内涵更加贴近现实、符合现实中人民的期待和向往。尤其是处于和平年代的人们,不再需要为解救水深火热的祖国而大义凛然地抛头颅洒热血,但是我们仍然需要英雄榜样情怀来引领广大青年。

3.3 民族性与世界性相统一

新时代青年教育研究的民族性是其显著特征,民族性不仅体现在党和国家领导人通过寄语呼吁广大青年重视和学习中华传统文化知识,以及恰到好处地

---

① 张烁,鞠鹏.习近平在全国高校思想政治工作会议上强调:把思想政治工作贯穿教育教学全过程,开创我国高等教育事业发展新局面[N].人民日报,2016－12－09(1).

引经据典教育广大青年,还体现在重视广大青年的爱国主义精神的培育。习近平总书记不仅要求广大青年要在底蕴深厚的传统文化中找到文化自信,更要求广大青年带着这种内心深处的自信走向世界,向世界介绍中国文化、中国精神,让世界更加了解中国。广大青年要放眼全球并带着这份责任和使命去推动世界经济、文化、政治等领域的繁荣发展,为构建人类命运共同体而不懈努力。从这点来看,新时代青年教育研究具有包容开放、和而不同的世界性。

3.3.1　底蕴深厚的民族性

在整理和分析新时代青年教育研究过程中,令人印象深刻的就是其中彰显出来的民族性特征。在关于青年教育的许多重要讲话和座谈中,党和国家领导人总能恰到好处地引用经典鼓励和教育广大青年,以及十分重视广大青年的爱国主义教育。

新时代青年教育研究具有民族性,主要体现在其内容重视广大青年的中华优秀传统文化教育,强调广大青年要立德修身、锤炼品格,主动积极地践行社会主义核心价值观。"国有四维,礼义廉耻。四维不张,国乃灭亡。"①"从善如登,从恶如崩。"②这些中华传统文化中的名言警句不仅能够作为广大青年严于律己的示范准则,也从此为广大青年打开了一扇传统文化大门,鼓励广大青年要回归中华优秀传统文化中寻找处世智慧进而建立文化自信,站在中华民族伟大复兴的历史高度来看待中国优秀传统文化传承的重要意义。历史也证明,任何一个民族如果抛弃和偏离了自己的民族文化就犹如丢失了"根"和"魂",失去根基的民族和国家很难走得长远。尤其是十八大以来,我们在中国特色社会主义文化建设方面愈加重视文化本身的民族性,更加强调了文化自信,而重视中国优秀传统文化显然有助于我们在文化建设过程中找到彰显民族底色的自信。

新时代青年教育研究具有民族性,还体现在重视青年一代的爱国主义教育。在我们中华民族几千年的发展长河中,"爱国主义"始终是团结各民族的"最大公约数",这也是支撑我们不断走向强大的核心力量。"不论树的影子有

---

① 人民日报评论部.习近平用典:第一辑[M].北京:人民日报出版社,2018:75.

② 人民日报评论部.习近平用典:第一辑[M].北京:人民日报出版社,2018:83.

多长,根永远扎在土里。"①"中华文化是中华儿女共同的精神基因。"②习近平认为这个根就是要扎在中华文化土壤中才能生根发芽成长为一棵大树,强调爱国主义精神需将个人梦想、前途与国家命运联系在一起。改革开放的中国迎来了新的历史起点,中国特色社会主义进入了新时代,中国特色社会主义实践所取得的巨大成就也证明了当前意识形态的理论和实践价值,极大地鼓舞了我们对社会主义意识形态的自信心。祖国的繁荣昌盛需要所有青年共同努力,也让每个青年都能享受到祖国的强大带来的发展机遇,个人命运和祖国命运息息相关,共荣共损。习近平强调广大青年"同人民一道拼搏、同祖国一道前进,服务人民、奉献祖国,是当代中国青年的正确方向"③。这里强调与人民、祖国一起,就是要广大青年在实现个人价值的过程中践行好爱国主义实际行动。

3.3.2 和而不同的世界性

新时代青年教育研究有着和而不同的世界观。习近平曾在致首届清华大学苏世民学院开学典礼的贺信上写道:"各国青年应该通过教育树立世界眼光、增强合作意识,共同开创人类社会美好未来。"④要通过互派留学生等方式帮助世界青年友好往来、彼此交流,使得世界范围内各国青年相互了解、开阔视野、增强合作,为世界人民福祉做出积极的贡献。

新时代青年教育研究具有世界性,主要体现在它要求广大青年多走出去交流,放眼世界并在国际交流中建立友谊,维护世界和平。新形势下,崭新的国际主义思想引领着广大青年树立一种大格局意识。世界范围内有着不同文化背景的广大青年正以各种方式相互交流切磋,尤其是以互联网为依托的新媒体技术发展更是实现了不同国界青年的随时随地互动。"和而不同"的情怀深入人心,广大青年应该以开放包容的心态看待他国文化,我们在进行文化思想切磋

① 习近平.习近平谈治国理政:第1卷[M].北京:外文出版社,2018:58.
② 习近平.习近平谈治国理政:第1卷[M].北京:外文出版社,2018:64.
③ 黄小希,于涛,张京品,等.让青春之花绽放在祖国最需要的地方:习近平总书记给河北保定学院西部支教毕业生群体代表的回信引发强烈反响[N].人民日报,2014-05-05(1).
④ 习近平.习近平致首届清华大学苏世民书院开学典礼的贺信[N].人民日报,2016-09-11(1).

的时候更是要尊重他国的文化礼仪,与此同时对自己国家的文化传统要坚定自信。只有建立在相互平等尊重的基础上,才能谋求共同发展。党和国家领导人每次出国访问时都会呼吁全世界范围内要提供一个培养世界优秀人才的国际平台,为各国青年提供学习交流的机会。

新时代青年教育研究具有世界性,还体现在它强调青年对建设美好世界的责任,鼓励青年为构建人类命运共同体而不懈努力。2017 年,习近平在联合国日内瓦总部发表的题为《共同构建人类命运共同体》的主旨演讲中指出:"构建人类命运共同体是一个美好的目标,也是一个需要一代又一代人接力跑才能实现的目标。"①这里的一代又一代指的就是广大青年。积极推动构建人类命运共同体,推进人类和平与发展的崇高事业,青年人责无旁贷。新时代青年作为有本领、有担当、有希望的一代,在人类面临的重要历史时刻都必须责无旁贷。当代青年不仅要放眼世界、兼济天下,更要有人类情怀;不仅要为自己民族的发展做出努力,还要有为世界发展、为世界人民做出贡献的大格局意识;不仅要把自己的"青春梦"与"中国梦"结合在一起,还要把自己的"青春梦"与"世界梦"紧密地联系起来,要为全世界的经济政治文化发展做出贡献,要为全世界人民的未来谋求更高、更好的发展。

3.4　科学性与艺术性相统一

新时代青年教育研究的科学性是其根本特征,科学性不仅体现在它能够全面回答青年教育所面临的重大问题,还体现在它从国家、社会、家庭以及青年个体四个层次论述了如何开展青年教育促进青年个体的成长成才。新时代青年教育研究中的基本观点阐述都是紧密围绕既定价值目标展开的,充分展现了理性思维和感性表述相结合的科学性和艺术性。

3.4.1　逻辑严密的科学性

一个科学的理论体系必然有着有严密的逻辑结构,而理论逻辑的严密性就在于是否能够完整地回答这个理论范畴内的所有问题、是否具有理论论证的层

① 习近平.共同构建人类命运共同体[J].求是,2021(1):13.

次性、是否在论证阐述观点时紧扣主题。新时代青年教育研究完全具备了理论的科学性,具有严密的逻辑结构体系,不仅能够全面回答青年教育所面临的重大问题,还从国家、社会、家庭以及青年个体四个层次论述了如何开展青年教育促进青年个体的成长成才。新时代青年教育研究中的基本观点阐述都是紧密围绕既定价值目标展开的。可见,新时代青年教育研究具有严密的逻辑结构。

新时代青年教育研究全面回答了青年教育所面临的重大问题。首先在国家战略层面上肯定了青年教育的重要地位,确立了青年教育目标。新时代青年教育研究把青年教育问题作为国家发展战略层面来思考,肯定了青年教育的重要性和必要性。青年教育战略定位是"青年兴则国家兴、青年强则国家强",要把广大青年培养成"有理想、有本领、有担当的中国特色社会主义事业的建设者和接班人"。在青年教育核心内容上,新时代青年教育研究提出了要对广大青年进行社会主义核心价值观教育、传统文化教育、法治观念培育、思想品德教育、理想信念教育、家国情怀教育、知行合一教育、奋斗精神培育、创新精神培育。在青年教育实现路径上,新时代青年教育研究要求党和政府做广大青年的知心人、青年工作的热心人和青年朋友的引路人;要求高校党校肩负起马克思主义理论研究、办好思政课、落实立德树人这一根本任务;要求家庭教育与社会学校形成教育合力,利用家风家训做好广大青年价值观教育;要求青年主动学习,把学习作为主要任务,自觉践行社会主义核心价值观并把人生理想融入国家和民族的事业中。可见,新时代青年教育研究涵盖了青年教育的重要内容,具有完整的逻辑结构。

新时代青年教育研究中对青年教育的思路沿袭了习近平治国理政思想体系中关于铸魂育人的思想精髓,具有鲜明的层次性,从国家到青年个体层面都有所涉及,并给予了具体的路径指引。从国家层面来讲,习近平在相关讲话座谈中都反复强调广大青年要树立远大理想,为实现中华民族伟大复兴的中国梦而不懈努力奋斗;要把青年教育的方向、内容与国家民族的利益发展紧密地联系起来,把为中国特色社会主义事业培养建设者和接班人作为青年教育的目标任务。从社会层面来讲,广大青年要把社会主义核心价值观作为引领社会思潮的精神力量,身体力行地为推广社会主义核心价值观贡献自己的力量。习近平还告诫广大青年要多读"无字之书",到社会大学堂中去历练自己。从家庭教育层面来讲,广大青年要培养家国情怀,要通过家风建设来做好价值观传承,父母要以身作则给广大青年做好榜样。从个体层面来讲,广大青年要勤学、修德、明辨、笃实,自觉践行社会主义核心价值观,要在实现中华民族伟大复兴的中国梦的历史进程中糅合自己的人生理想、成就自己的人生。这几个层次共同构成了新时代青年教育研究的逻辑结构,具有鲜明的层次性。

新时代青年教育研究具有逻辑严密的科学性,还体现在紧扣目标主题展开论述。从"为什么要培养青年"这个角度出发,青年教育的目标"青年强则国家强,青年兴则国家兴"可以理解为,新时代青年教育研究的目标维度主要是青年强、青年兴以及国家强、国家兴。青年强、青年兴作为目标维度之一,就是如何更好地促进青年成长成才,实现青年的人生价值和创造出彩人生。国家强、国家兴作为目标维度之二,就是鼓励广大"强"青年为更好地推进国家各项事业发展,为实现社会主义现代化和"两个一百年"奋斗目标贡献力量。这两个目标维度对青年教育的指引贯穿于新时代青年教育研究当中。

3.4.2　叙事巧妙的艺术性

新时代青年教育研究除了有严密的逻辑结构,是科学的理论体系,还具有叙事巧妙的艺术性,是理性思维和感性描述相结合的统一体。语言是人们相互沟通和交流的重要桥梁,同样的含义、不同的表达方式,带来不一样的效果。新时代青年教育研究中叙事风格独树一帜,具有巧妙的艺术性,主要体现在引经据典、恰到好处,通俗易懂、形象生动,言简意赅、言近旨远。

新时代青年教育研究蕴含叙事巧妙的艺术性,主要体现在教育广大青年时引经据典、恰到好处。在整理新时代青年教育研究的相关资料中,我们可以领略到习近平总书记对古今中外经典文化的融会贯通,可谓行云流水般恰到好处。在许多重要场合,习近平曾用中外古今典故来启发和教育广大青年,习近平总书记在高校考察时,经常用典故来激励广大青年学子,"天人合一""君子喻于义""仁者爱人"等词语频繁出现在系列讲话中。从"周虽旧邦,其命维新"到"苟日新,日日新,又日新"的引用,意在鼓励广大青年要发扬创新精神。2014年在北大考察时,他借用"千磨万击还坚劲,任尔东西南北风"来激励青年要坚定理想信念,借用"从善如登,从恶如崩"来警示广大青年要加强内心的自律,筑牢内心的防线,通过自觉树立和践行社会主义核心价值观来保持自己正确的人生道路方向。这些典故的使用对广大青年具有极大的启发和教育作用,恰到好处地引经据典彰显了习近平个人的语言魅力和独特之处,成为广大青年学习的榜样。

新时代青年教育研究蕴含叙事巧妙的艺术性,体现在语言的通俗易懂、形象生动。习近平深知广大青年语言思维特点,在教育广大青年的语言风格上生动活泼、不失风趣、通俗易懂、朗朗上口,具有很强的感染力和启发性。比如,他嘉许广大青年大学生是"可爱、可信、可贵、可为的",鼓励广大青年"要如饥似渴、孜孜不倦学习,既多读有字之书,也多读无字之书"。预判青年的未来时,他认为"我国青年一代必将大有可为,也必将大有作为",提出"抓好这一时期的价值观养成十分重要"的著名论断。他还使用"纽扣论"来形容价值观形成的重要性,如何使得社会主义核心价值观成为广大青年的基本遵循,帮助他们扣好人生第一颗扣子呢? 习近平总书记也给予了具体的指引和方向:"使核心价值观的影响像空气一样无所不在、无时不有。"这种生动的表达,把核心价值观对广大青年的影响生动比喻成像空气一样重要,融入青年的血液和细胞,潜入他们的思想和心灵,成为他们生命活动中必不可少的思想观念内涵。这些表述都让人为之振奋、印象深刻。新时代青年教育研究极具艺术性的叙事表达不仅让广大青年感受到了语言的魅力所在,还让广大青年学习到了知识,领悟到知识对自己成长成才的重要性,更加能够激发和调动广大青年内在的积极性和主动性,参照新时代青年教育研究的理论指导不断完善和提升自己。

新时代青年教育研究蕴含叙事巧妙的艺术性,体现在语言的言简意赅、言近旨远。习近平非常反对不分重点的长篇大论,反对"长、空、假"的恶劣文风,弘扬"短、实、新"的清新文风。① 在整理和分析新时代青年教育研究的文献资料时,笔者发现了青年教育理论语言上的言简意赅且言近旨远。如 2014 年与北京大学师生代表座谈时,习近平提出"勤学、修德、明辨、笃实"的"八字要求";2018 年再次来到北京大学和师生代表座谈时提出爱国、立志、求真、力行的"四点希望";在纪念五四运动 100 周年大会上提出树立远大理想、热爱伟大祖

---

① 艾文礼. 跟习近平总书记学文风[N]. 学习日报,2015 - 12 - 31(A6).

国、担当时代责任、勇于砥砺奋斗、练就过硬本领、锤炼品德修为的"六大要求"。这些著名的论断观点可谓微言大义、言简意赅。2019 年,习近平再次寄语青年:在复杂严峻的斗争中经风雨、见世面、壮筋骨。同年 7 月,习近平总书记来到内蒙古大学与图书馆同学们亲切交谈,勉励他们志存高远、脚踏实地、奋发图强。可以说,这些话语言近旨远地表达出对广大青年的期待和鼓励。

　　综上,新时代青年教育研究不但理论内容丰富,而且蕴含着丰富的哲学思维。我们可以从梳理和总结新时代青年教育研究的理论特征中发现鲜明的辩证思维。辩证思维就是承认矛盾的普遍性,在处理问题时坚持统筹兼顾、协调推进、突出重点。新时代青年教育研究的理论特征是战略性与实践性相结合、政治性与时代性相结合、民族性与世界性相结合、科学性与艺术性相结合。梳理和提炼新时代青年教育研究的理论特征有助于我们更深刻地理解当前青年教育工作的必要性和重要性,也将有助于我们更科学地开展青年教育工作。

第4章　新时代青年教育研究的时代价值

新时代青年教育研究是在实现中国特色社会主义的伟大实践中,结合青年成长成才的现实需求,在青年自身发展规律特点的基础上形成的智慧结晶。新时代青年教育研究具有战略性与实践性相统一、政治性与时代性相统一、民族性与世界性相统一等鲜明特征,具有重要的理论和实践价值。从理论价值层面来讲,它开辟了马克思主义青年理论的新境界,进一步丰富发展了马克思主义中国化青年教育思想,揭示了当代中国青年教育客观规律和本质要求。从实践层面上来讲,它为我们党开展青年工作提供了根本遵循,为青年建功立业、成长成才提供了行动指南,为中华民族伟大复兴的中国梦的实现提供了强大助力,更为构建人类命运共同体提供了重要的人才和智力支撑。

4.1　理论价值

新时代青年教育研究是在沿承马克思主义青年教育理论的基础上,将马克思主义中国化青年思想和新时代青年教育实际高度结合,并丰富和发展了这些理论。与此同时,新时代青年教育研究成为新时代中国特色社会主义思想的重要组成部分并深刻揭示了当代中国青年教育客观规律和本质要求。

4.1.1　开辟了马克思列宁主义青年教育理论的新境界

新时代青年教育研究是在坚持和发展马克思列宁主义青年教育思想的基础上,结合当下中国青年实际需求和中国特色社会主义发展需要而形成的重要理论。而我们知道马克思列宁主义青年教育思想是由马克思、恩格斯和列宁的青年理论在青年运动、青年工作的丰富实践中逐渐形成的。新时代青年教育研究就是将马克思主义青年理论与中国共产党指导青年工作实践形成的理论有效地结合起来,是继承和发展马克思主义中国化青年教育思想理论在新时代的延伸和创新。马克思列宁主义青年教育思想作为新时代青年教育研究的直接理论起源,包含着不同视角下丰富的青年教育理论,有着逻辑严密的青年教育思想体系。第一,新时代青年教育研究坚持和发展马克思列宁主义青年教育理论的哲学基础,主要表现在坚持和发展了马克思列宁主义青年教育思想的唯物主义哲学立场,坚持和发展了马克思列宁主义青年教育思想的辩证法则以及坚持和发展了马克思列宁主义青年教育理论的全面发展观。第二,新时代青年教育研究坚持和发展了马克思列宁主义青年教育理论的根源理论,坚持和发展了马克思列宁主义青年教育理论的政治根源以及坚持和发展了马克思列宁主义青年教育理论中的价值根源。第三,新时代青年教育研究坚持和发展了马克思列宁主义青年教育理论的方法原则:一是始终坚持马克思主义经典理论的学习;二是坚持理论联系实践,没有实践对真理的检验,真理不可能成为真理,更无法指导实践。

新的历史时期下,新时代青年教育研究实现了马克思主义青年理论与中国具体实际相结合的新的飞跃,赋予了马克思主义青年理论新的内涵和新的时代精神。恩格斯就曾经多次强调:"我们的理论是发展着的理论,而不是必须背得烂熟并机械地加以重复的教条。"①马克思主义理论是发展着的理论,具有顽强的生命力。无论时代如何变化,马克思主义理论的精神实质亘古不变。这种精神实质主要表现在解放思想、实事求是、与时俱进、求真务实上,而新时代青年教育研究也始终保持着这样的精神实质,始终把这一精神实质融入理论指导实践的每个环节上。新时代青年教育研究开辟了马克思列宁主义青年理论的新境界,这意味着在本质上,新时代青年教育研究除了继续保持马克思列宁主义青年理论的解放思想、实事求是、求真务实这三个理论品质外,更是将新境界体现在"与时俱进"这一品质上。十九大报告指出,我国社会的主要矛盾已经从人民日益增长的物质文化需要同落后的社会生产之间的矛盾,转变为人民日益增长的美好生活需要和不平衡不充分的发展之间的矛盾。这是新时代下我们对整体发展的一个根本总结。新时代下的青年需求也不同于以往任何时代下的青年需求,他们对自身的全面发展、对政治社会的热切关注、对外在人文生态环境的要求越来越高。新时代带给广大青年更多的机遇和挑战,他们比以前任何

① 中共中央马克思恩格斯列宁斯大林著作编译局.马克思恩格斯选集:第 4 卷[M].北京:人民出版社,1995:681.

一个时代的青年都更渴望成功,渴望同祖国共同发展。而新时代青年教育研究的产生是立足于将广大青年全面发展与国家前途命运紧密联系在一起的高度,立足于看到了新时代广大青年的真实需求,立足于真正解决新时代广大青年内心的矛盾冲突并给予符合青年自身发展规律的有效指引。

可见,新时代青年教育研究不仅很好地继承了马克思列宁主义青年理论,更是为马克思列宁主义青年理论注入了新的时代血液和精神内涵,也将马克思列宁主义青年工作理论推向了新的历史高度,更是为发展马克思列宁主义青年理论做出了具有中国特色的创造性贡献。

4.1.2 丰富发展了马克思主义中国化青年教育思想

马克思主义中国化青年教育思想体系是在马克思主义传入中国后,与中国历史各阶段的伟大实践相结合的产物。它指导了党和人民在不同的历史阶段取得伟大胜利。马克思列宁主义青年教育思想与中国各历史阶段教育现实条件相结合形成了马克思主义中国化青年教育思想体系。马克思主义中国化青年教育思想体系为中国革命、建设、改革和发展提供了优秀的青年人才支撑,它是在马克思列宁主义青年教育思想进入中国后,中国共产党人在中国革命、建设、改革和发展等各个历史时期下,将所需青年教育思想理论与具体的实践相结合而形成的思想体系。而新时代青年教育研究不仅继承了马克思主义中国化青年教育思想,更是在前人基础上丰富和发展了马克思主义中国化青年教育思想。

新时代青年教育研究对马克思主义中国化青年教育思想的继承和发展主要体现在两个方面:一个是对马克思主义中国化青年教育思想理论体系中核心教育总体定位的继承和发展,尤其是开展具体的青年教育工作中,对青年教育工作的总体定位根据不同的历史阶段有着不同的重心,但始终保持核心地位的就是关于青年的"思想政治教育",即始终把青年的"思想政治教育"作为青年教育工作的重点;另一个就是对马克思主义中国化青年教育思想理论体系中主要内容思想的继承和发展。马克思主义中国化青年教育思想理论的精神实质也随着社会时代变迁而不断调整和丰富,青年教育内容也不断与时俱进,从最初的马克思主义信仰到社会主义核心价值观,从社会主义精神文明建设到社会主义法治建设、社会主义生态文明建设等。当前,新时代青年教育研究立足于培养社会主义事业合格接班人,就青年教育内容有着与时俱进的见解和方案,解决了当下广大青年信仰问题。新时期的中国共产党人正是通过对这个问题进行集中思考,使得马克思主义在青年群体意识形态领域的指导地位得到巩固,尤其是形成和坚定了广大青年团结奋斗的思想价值基础。新时代青年教育研究是对党的历届领导人相关理论论述的创新和发展,尤其是将对青年意识形态教育的重视放到了极其重要的地位。为了大力拓宽青年教育的新内涵,如何教育青年、教育青年什么,这都是我党着力思考的重大问题。从毛泽东重视青年政治觉悟,提出的"三好"青年要求,即把青年培养成身体好、学习好、工作好的社会主义建设者和接班人,到邓小平的"四有新人"教育,再到江泽民提出的"五个成为"①的要求以及胡锦涛提出"四个新一代"②作为青年发展核心,新时代青年教育研究中关于青年教育的内容在继承前人的基础上,结合新时代背景下青年教育发展的需要,提出了对青年进行中国优秀传统文化教育。这是中华民族安身立命的基础,是对中国文化最深层次的自信,也是对青年教育内涵的新的拓展。从历届领导人对青年教育的定位和目标来看,他们都十分重视青年教育、重视青年成长成才。而新时代青年教育研究认为青年强则国家强、青年兴则国家兴,要把广大青年培养成有理想、有本领、有担当的社会主义事业建设者和接班人。关于青年成长成才的途径方面,广大青年要把个人理想融入国家和民族事业中,还要承担起国际责任,致力于构建人类命运共同体。

广大青年是中外友谊的桥梁,可以通过互派留学生、组织跨国夏令营等方式增强各国青年之间的沟通交流,搭建世界青年共享平台。中国青年作为新时代大国关系的重要开拓者,要通过传播和弘扬中国文化让全世界各国人民深入了解中国,展示具有大国风范的青年形象,为实现人类命运共同体贡献自己的力量。这些研究极大地丰富了马克思主义中国化青年教育思想,尤其是构建人类命运共同体不仅要求广大青年把自己的个人价值融入国家和民族的事业中,更是从国际视野对广大青年提出了更高的要求。

---

① 江泽民.在庆祝清华大学建校九十周年大会上的讲话[N].人民日报,2001 – 04 – 30(1).

② 胡锦涛.胡锦涛致信中国青年群英会[N].人民日报,2007 – 05 – 05(1).

4.1.3 揭示了当代中国青年教育的客观规律和本质要求

伟大的时代孕育伟大的理论,新时代青年教育研究立足于新时代、新特点、新情况,对当代青年教育客观规律做出了新的阐释。当代青年思想活跃、乐于接受新鲜事物、紧跟社会乃至世界潮流,可谓"初生牛犊不怕虎"。正是因为敢于尝试一切未知事物,当代青年也难免会经历一些负面的体验,这和青年自身发展规律是吻合的。青年群体处于对外界事物好奇并不断去尝试的阶段,但由于缺乏稳定和正确的价值观,还不足以鉴别出好坏优劣,便一股脑地欣然接受,甚至将一些错误的价值观念认为是"前卫"和"个性"的代名词。这种自身观念的局限性和过于理想化的状态使得青年在寻求自我发展和价值实现中经常碰壁。这个时候就需要我们全党全社会勇于担当起青年教育的先驱者和执行者的角色,按照科学有效的方式正确引导青年,帮助他们度过人生中这一迷茫时期,形成正确的人生观和价值观。科学有效的方式就是要主动走进青年,靠近青年,这也为青年想要寻求帮助能够第一时间找到组织提供了便捷。走进才能了解,走进才能建立真实的人际关系,走进才能缩减空间距离带来的陌生感。现实中我们走进青年,意味着我们可以通过在青年群体中设置各种组织机构,让广大青年有归属感。当然,我们更不能错过网络这一"接近、走进"广大青年的重要途径,从网络中走进青年就是要通过便捷的现代互联网,紧跟广大青年的步伐,时刻关注青年的各种动态并给予及时的回应。

做好广大青年群众的引路人。广大青年在通往成长成才的道路上披荆斩棘,可谓一路坎坷,这也是走向成熟的必经之路。如何做好广大青年群众的引路人,成为党和国家高度重视的问题。我们关爱广大青年并及时给予指引就像在培育幼苗,必然要经历培土、浇水、施肥、整枝这一系列过程。当广大青年彷徨在人生十字路口时,我们要积极给予方向的指引,鼓励他们奋勇向前;当广大青年在事业上受挫失去信心时,我们要帮助他们重拾初心,在策略上和精神上都要给予帮助和鼓励;当广大青年在工作中取得一定成效时,我们也应及时给予肯定并积极引导他们上升到更高的精神层面,那就是奉献自己、报答祖国;当广大青年在思想上或行为上出现偏差时,我们更是要第一时间站出来帮助他们及时返回正道,给予足够的耐心和宽容帮助他们渡过难关,尤其要做好创新思维的引路人。毛泽东同志曾经把青年比喻成早晨八九点的太阳,充满生机活力,也极富创造力。不管是哪个年代的青年都是"创新创造"的代名词,他们当仁不让地走在时代的最前沿。他们有着敏捷的思维,他们用极其敏锐的触觉感知着世界最前沿的动态。那股"初生牛犊不怕虎"的冲劲让他们敢于去尝试新鲜事物、敢于去冒险、敢于挑战一切未知。正是广大青年的这种逢山开路、遇河架桥的不屈不挠的坚定意识,给世界带来无限可能,尤其在科学技术领域带来的创新,也使得"创新创造"成为广大青年的代名词。只有不断更新观念、保持创新意识,才能给青年教育工作带来持久的活力。这种创新思维要求我们在开展青年教育工作时,结合青年工作实践特征和规律,灵活变通,将其他领域中先进理念和先进技术"嫁接"到青年工作中,以耳目一新的方式吸引广大青年的目光,让他们感受到与时俱进的时代感。我们将新时代的先进管理理念和技术融入组织和管理广大青年中,激励广大青年敢于上下求索,不断进取,勇往直前。因此,新时代青年教育研究揭示了当代中国青年教育客观规律和本质要求。

4.2　实践价值

任何思想理论都要经过实践的检验才能落地生根,新时代青年教育研究是根植于中国青年教育具体状况这一沃土,不仅符合青年发展规律和特点,且与时俱进,在实践中产生,又指导实践。它不仅为做好党的青年工作提供了根本遵循,为新时代青年建功立业提供了行动指南,也为中华民族伟大复兴的中国梦提供了强大助力,更为构建人类命运共同体提供了重要的人才和智力支持。

4.2.1　为做好青年工作提供了根本遵循

新时代青年教育研究为新时代下开展青年工作、推进我国青年事业发展提供了根本遵循。党和国家制定出台了新中国历史上第一个青年发展规划——《中长期青年发展规划(2016—2025年)》,这是关于我国青年发展的顶层设计,里面涉及我国青年发展的工作机制和青年工作的重大原则。"坚持党管青年原则",成为我们青年工作开展的重要前提和基本准则。也就是说,我们开展一切青年活动工作都必须在党组织的指导下,只有明确这一政治方向,才能保证我们的青年教育事业健康稳步发展。

共青团作为党组织开展青年教育工作的主力军,承担着重要的历史使命。习近平总书记在指导共青团工作时要求共青团把培养中国特色社会主义事业建设者和接班人作为根本任务。这一要求明确了共青团工作的政治责任和工作主线,尤其是强调全党在开展青年工作中,要关注青年、关心青年、关爱青年,主动积极地倾听青年内心真实需求。对于共青团在青年教育中所扮演的角色,新时代青年教育研究给出了明确的角色定位:做青年朋友的知心人、青年工作的热心人、青年群众的引路人。

做青年朋友的知心人。做走进青年的知心人,按照科学有效的方式正确引导青年,帮助他们度过人生中这一迷茫时期,形成正确的人生观和价值观;做倾听青年的知心人,倾听青年是为了更好地理解广大青年的真实需求和内心渴望,只有理解才能产生真实情感,最后才会被接纳和信任;做融入青年的知心人,就是要走进青年、倾听青年,最后做到真正融入青年群体。

做青年工作的热心人。做有理想信念的热心人,共青团作为开展青年工作的主力军,肩负着青年思想引导工作的重任,必须站在理想信念这个制高点;做有仁爱之心的热心人,需要我们有仁爱之心,带着我们中华民族传统文化中的集体潜意识,服务好广大青年,让广大青年深刻感受到党和国家社会无处不在的关心和关爱;做有道德情操的热心人,需要我们开展青年教育工作的队伍,自身要有着高尚的道德品质和道德情操。

做青年群众的引路人。做锤炼品格的引路人,落实对广大青年"勤学、修德、明辨、笃实"的教育要求同时,也对引路人自身的品格有着较高的期待。作为广大青年群众的引路人,首先要有经得住考验的人格品质。做创新思维的引路人,要求我们在开展青年教育工作中,结合青年工作实践特征和规律,灵活变通将其他领域中先进理念和先进技术"嫁接"到青年工作中。做奉献祖国的引路人,要求我们在教育和激励广大青年奉献自己青春力量的同时给他们做好榜样,当广大青年在工作中取得一定成效时,也及时给予肯定并积极引导他们上升到更高的精神层级;当广大青年在思想上或行为上出现偏差时,更是要第一时间站出来帮助他们及时返回正道,给予足够的耐心和宽容帮助他们渡过难关。这对于我们共青团增强自身组织和凝聚力给出了具体的指引,从这个层面上说,新时代青年教育研究为党开展青年工作提供了根本遵循。

另外,从共青团如何用具体的教育内容来引领广大青年成长成才角度来讲,新时代青年教育研究也提供了科学的价值内容指引。我党要践行用社会主义核心价值观来引领青年成长,并且对实施青年教育的方式方法给予了具体的指示,让社会主义核心价值观成为"无时不在、无处不在"的思想主体,深入广大青年的生活中从而内化成生活的一部分,做到真正的外化于行、内化于心。只有帮助广大青年扣好人生第一粒扣子,才能确保广大青年在奋勇前进、顽强拼搏的过程中不偏不倚,也才能促使他们把无限潜能和智慧凝聚到实现中华民族伟大复兴中。因此,我们说新时代青年教育研究为党的青年工作提供了根本遵循。

4.2.2　为新时代青年建功立业提供了行动指南

思想是行动的先导,没有谋篇布局的策略很难实现行动上的成功。当代青年处于一个全新的时代,处在一个机遇和挑战两面夹击的外界环境,尤其是世界范围内各种多元化的思潮扑面而来不断冲击着广大青年,使得他们在这复杂的外界环境中不知所措或跟着感觉走,如履薄冰。新时代青年教育研究从青年定位、青年目标、青年教育内容核心构成要素、青年教育方法原则等重要内容一一展示了广大青年应该何去何从,树立广大青年对新时代中国特色社会主义的"四个自信",为广大青年沿着光明的事业前景提供指引。广大青年处于新时代机遇和挑战并肩而行的浪潮中,新时代青年教育研究犹如海上灯塔为新时代的青年扬帆远航提供了明亮的夜间导航。

广大青年要成为有理想、有本领、有担当的一代,必然要付出巨大的努力,需要坚定的毅力和决心。在思想认识上,广大青年要坚定正确的理想信念,始终坚持中国特色社会主义前进方向,积极践行社会主义核心价值观,爱国、励志、求真、力行。在实现成长成才的路径方面,新时代青年教育研究也明确给出了具体的指引,即从"八字真经"到"志存高远、德才并重、情理兼修、勇于开拓"这"十六字诀"。"八字真经"包括:勤学,就是要广大青年以知识积累奠定奉献的基础;修德,就是要确保广大青年的才华用于正途;明辨,就是要把握青春前行的正确方向;笃实,就是号召广大青年踏踏实实做人、扎扎实实做事。"十六字诀"是习近平结合当下青年发展自身规律,对广大青年提出的与时俱进的新要求。在个人自我价值实现上，习近平总书记号召广大青年要将个人的成长与国家和社会的发展共同联系起来，在奉献社会和国家的过程中实现自身的价值，彰显青春的力量。有国才有家，祖国和个人的命运是息息相关、密不可分的，广大青年要同祖国一道前进，要有浓厚的家国情怀。这也是当代青年实现成长成才的一条不可或缺的重要途径。改革开放以来，国家的政治、经济、文化各方面建设取得了重大的成绩，广大青年也享受到了国家和社会进步带来的美好生活，但是距离我们伟大的中国梦目标还有一段距离，这就需要包括广大青年在内的所有中国人参与到祖国建设当中，尽最大的努力贡献自己的力量。广大青年在同祖国一道前进中，要立足于本职工作，爱岗敬业，发扬螺丝钉精神，干一行爱一行，成为本领域的佼佼者。新时代青年教育研究所富含的一系列重要内容都是立足于广大青年成长成才的真实需求，符合青年成长规律和特点的科学理论指导，是新时代青年建功立业的行动指南。

4.2.3　为中华民族伟大复兴的中国梦的实现提供了强大助力

十九大后，我们站在了全新的历史方位，全面地展现了中国人民由"富起来"到"强起来"的时代风采，这个时代也为全力推进中国梦的实现提供了空前的发展前景。广大青年站在时代的风口浪尖，迎接着机遇更面临着挑战，为实现中华民族伟大复兴的中国梦而砥砺前行。习近平总书记曾用三句诗词来生动描述中华民族的昨天、今天、明天："雄关漫道真如铁""人间正道是沧桑"和"长风破浪会有时"。"人间正道是沧桑"深刻地指出了新时代下改革开放进入了啃硬骨头的阶段，"短板效应"成为当前全面深化改革的瓶颈，如何突破重围最后"长风破浪"还有待时日。广大青年作为实现中华民族伟大复兴梦想的重要力量，有着重要的地位和作用。然而，广大青年也面临着许多挑战，如新时代多元化思潮的冲击、网络新媒体技术发展带来的快节奏感和碎片化信息的干扰、青年教育供给侧矛盾等。针对这些现实问题，我们该如何抓住机遇？如何合理利用资源？如何顺势而为化解矛盾冲突？新时代青年教育研究为解决当下青年教育所面临的实际问题提供了重要参考。尤其是面对新时代培养怎样的青年人才、如何培养青年人才，才能继续扛着"富"与"强"的大旗坚定走在中国特色社会主义道路上这一问题，新时代青年教育研究重点谈到了要做好广大青年理想信念教育,实现中华民族伟大复兴就必须紧紧地把广大青年聚集在一起,拧成一股绳,劲往一处使,用正确的理想价值信念指引他们成长成才,将广大青年理想信念教育与中国梦紧密联系起来,用中国梦筑起青年群体团结奋斗的共同思想基础。这也成为我们开展青年理想教育的重要方式。广大青年是实现中国梦的核心力量,当下青年理想信念教育的重要课题就是凝聚广大青年的精气神为实现中华民族伟大复兴而贡献自己的力量。

除此之外,广大青年还要知行合一,在创新创业中发挥奋斗精神干出社会主义。以青年群体为主的广大群众要脚踏实地、吃苦耐劳、勇往直前。广大青年群体作为国家建设的主力,将见证国家发展壮大的历史时刻;作为创造者又是享受者的当代青年,肩负着创造中国美好未来的重任。全党全社会也要肩负起指导和帮助广大青年成长成才的重任,使得他们在奋勇拼搏的路上不迷茫、不偏航。正是基于这些美好而坚定的共同期待,以习近平同志为核心的党中央不断地思考和总结如何更好地引导青年成长成才,帮助广大青年将个人的梦想和国家的梦想融为一体,最终实现中华民族伟大复兴的中国梦这一伟大目标。

4.2.4　为构建人类命运共同体提供了重要的人才和智力支撑

十八大以来,习近平总书记在构建"人类命运共同体"的理念方面,提出了许多新思想和新论断。"人类命运共同体"是立足于优秀文明成果和科学研判基础上,具有中国经验和中国智慧的科学思想体系。2017 年,习近平在"一带一路"国际合作高峰论坛开幕式讲道:"我们要为互联网时代的各国青年打造创业空间、创业工场,成就未来一代的青春梦想。"①这一伟大思想得以实施,离不开广大青年的参与和贡献。而新时代青年教育研究就是致力于打造人类命运共同体的青年队伍,为全球青年发展提供中国经验。

新时代青年教育研究中强调青年对建设美好世界的责任,鼓励青年为构建人类命运共同体而不懈努力。2017 年,习近平在联合国日内瓦总部发表的题为《共同构建人类命运共同体》的主旨演讲中指出:"构建人类命运共同体是一个

---

① 习近平.携手推进"一带一路"建设:在"一带一路"国际合作高峰论坛开幕式上的演讲[N].人民日报,2017-05-15(3).

美好的目标,也是一个需要一代又一代人接力跑才能实现的目标。"①这里的一代又一代指的就是广大青年。积极推动构建人类命运共同体,推进人类和平与发展的崇高事业,青年人责无旁贷。新时代青年作为有本领、有担当、有希望的一代,面临重要历史时刻都表现得名副其实。人类命运共同体这一主张和理念遵循着"主体—主体"平等交流原则、文明多样化原则以及共享理念原则,而广大青年在世界范围内的交流合作恰巧符合这三大原则标准。首先,世界范围内的广大青年处于求知若渴的阶段,期待与不同国度和文化下的同龄人有着深度的交流。其次,广大青年能够在充分交流基础上,尊重不同文明要求,整合各国文明资源,取长补短为己所用。最后,任何一个国家的发展都不可能永远有绝对的优势,必然随着交流开放来促进共同发展。当代青年不仅要放眼世界、兼济天下,更要有人类情怀;不仅要为自己民族的发展做出努力,还要有为世界发展、为世界人民做出贡献的大格局意识。广大青年不仅要把自己的"青春梦"与"中国梦"结合在一起,还要把自己的"青春梦"与"世界梦"紧密地联系起来,要为全世界的经济、政治、文化发展做出贡献,要为全世界人民的未来谋求更高、更好的发展。因此,新时代青年教育研究为构建人类命运共同体提供了重要的人才和智力支撑。

综上所述,新时代青年教育研究具有丰富的理论特色,把握了新时代青年发展特点的科学规律,针对当前的青年教育实践问题给予了相应的解决方案和策略。它无论在理论逻辑上还是实践操作上都对当代青年教育的指导具有重大的价值。从理论上来讲,新时代青年教育研究是马克思主义青年思想中国化的最新理论成果,更是新时代中国特色社会主义理论的重要组成部分,丰富发展了马克思主义中国化青年教育思想,深刻揭示了当代青年教育客观规律和本质要求。随着时代的发展,新时代青年教育研究将继续发展、完善。从实践层面上,新时代青年教育研究为广大青年的建功立业提供了科学指引,为党的青年工作提供了根本遵循,为中华民族伟大复兴的中国梦的实现提供了强大助力,更为构建人类命运共同体提供了重要的人才和智力支撑。

---

① 习近平. 共同构建人类命运共同体[J]. 求是,2021(1):13.

第5章 新时代青年教育研究价值实现的路径选择

新时代青年教育研究价值实现的路径选择是理论转化为实践所要采取的措施和策略:以社会教育为依托,打造以互联网为平台的正面宣传教育渠道,营造风清气正的社会教育氛围,发挥共青团在广大青年思想领域中的积极引领作用;以学校教育为主体,重视并加强马克思主义教育的理论研究,打造思政教育的主阵地以及形成全员全方位全过程的育人机制;以家庭教育为基础,助力青年教育并形成家庭教育机制,建立家庭教育的导向和激励机制以及发挥家风家训潜移默化的教育作用;以个体教育为重点,增强自我教育意识,提升自我教育能力,自觉践行社会主义核心价值观,把人生理想融入国家和民族的事业中。

5.1 以社会教育为依托

以社会教育为依托,就是要在全社会打造好以互联网为平台的正面宣传教育渠道,营造风清气正的社会教育氛围,发挥社会企业中党团组织对青年思想的引领作用。"要切实保持和增强党的群团工作的政治性……"①习近平总书记在2015年中央党的群团工作会议中重点强调。什么是群团组织的政治性,如何去理解政治性是第一位,那就是坚持党的领导,这是确保党的群团工作正确方向的重要前提。新时代必须坚持我党对广大青年的绝对领导,坚持用马克思主义青年观对广大青年进行指导教育。通过党的各种组织来引领广大青年,尤其要关注广大青年的真实需求,将党和国家的意识形态教育以更加贴切、更加符合实际需求的方式影响广大青年。全党全社会关心和重视青年需求,首先就是要将新时代下广大青年的教育工作放在首位,责无旁贷地为广大青年提供

---

① 兰红光.习近平在中央党的群团工作会议上强调:切实保持和增强政治性先进性群众性 开创新形势下党的群团工作新局面[N].人民日报,2015-07-08(1/2).

有利于自身发展的社会环境和社会资源,要为广大青年的个人发展提供有力的社会条件,及时了解和解决广大青年的困难,在各个方面积极引导广大青年和锻炼广大青年,形成全党"关注青年、关心青年、关爱青年"的良好局面。

5.1.1 打造好以互联网为平台的正面宣传教育渠道

全社会要关心关爱青年需求并营造积极的社会教育氛围,要多进行正面宣传,挖掘社会中先进和典型的模范人物和事迹从而营造有利于广大青年成长的社会氛围。正面宣传一些先进典范,就是要弘扬社会正能量来感染和教育广大青年,增强向上向善的力量并以此来强化真善美的正面效果,从而帮助广大青年从源头上抵制假恶丑,消解非主流社会思想的侵蚀。在宣传正面人物事迹时要注意真实有效性,要实事求是、准确可信、不偏不倚、恰到好处。只有这样,典型范例才能真正为广大青年树立好榜样,才能真正营造向上向善的社会氛围。

通过网络文化和新媒体等方式来开展青年教育。随着互联网普及和高科技多媒体技术的快速发展,人们的生活和学习方式发生了巨大的改变。广大青年倾向于在网络虚拟空间里参与国家、社会中重大问题的讨论,并随心所欲地发表自己的观点,这一方面反映了他们主动积极参与国家大事和关心社会热点的需求,另一方面也存在许多隐患。正是因为网络空间的无拘束和虚拟性,被境外和国内的一些敌对势力利用,专门在特大事件和节假日散布一些不利于国家稳定的谣言,混淆视听,抑或制造一些假象,利用部分网民对社会不公现象的消极情绪来渲染氛围,把矛头指向国家和政府,公然挑起内部矛盾。我们应该重视互联网意识形态领域工作,网络安全就是国家安全,通过网络铸魂育人的工作也必须高度重视起来。我们面临着一个长期的网络任务——做好网上舆论工作,要及时、有效地对网络舆论进行正确的引导,就要创新宣传意识和手段,遵从网络传播的规律,利用那些正面的主旋律来唤起广大网民的内在正面能量,从而加强网络理想信念教育。

第一,全社会都要做好网络新媒体等新阵地的青年教育,要尽快掌握互联网舆论战场的主动权,防止被边缘化。互联网是我们不能回避和忽略的主战场,做好互联网领域的理想信念教育工作关系到我们意识形态安全建设的重大问题,更加决定我们国家未来发展的大局。西方反华势力一直都在虎视眈眈,企图通过互联网意识形态输入方式渗透我们的价值观和文化,寄希望于"西化"和"抹黑"中国的伎俩时刻在互联网上演,对我们的广大青年思想成长和价值观造成了极大的负面影响。这场无硝烟的意识形态战争一旦失败,轻则丢失阵地,重则祸国殃民。打好这场无硝烟的战争,我们除了要占据主动权之外,还应结合当下广大青年网民们的真实需求来做好理想信念教育工作,比如搭建"微型"平台,做好"微式"传播。随着自媒体时代的兴起和网络信息技术的发展,人们学习交流的方式有了深刻的变化,处在生活节奏较快的新时代,人们很难聚焦在传统系统型的学习状态。许多人都是利用闲暇或上班途中零碎时间进行"碎片化"学习,这就要求我们的宣传交流方式与时俱进,对内容进行"微化"处理,制作短小精悍的"微"作品以供现代人随时随地学习。借助当下时兴的微信、微博等自媒体平台来进行信息传递和知识交流,充分利用信息技术优势对教育内容进行加工和创新。尤其是在多元化社会思潮涌动的今天,理想信念教育面临着许多挑战,境外敌对势力和反动势力虎视眈眈,只有主动占领新时代网络意识形态领域和把握宣传教育的主动权,正确引导舆论走向,通过"微式"传播平台讲好家国之事,扫除社会主义现代化道路建设的绊脚石,才能早日实现中华民族复兴伟大事业。

第二,全社会要做好网络新媒体等新阵地的青年教育,就是要在网络平台上做好正面宣传,培育积极健康的网络文化,用社会主义核心价值观和人类优秀文明成果来滋养网民。加强网络新媒体等新阵地的理想信念教育就是管理好网络空间上不符合人民群众利益的生态环境,用正面和优秀正能量的文化来教化网民朝着符合人民利益的方向前进。习近平总书记指出,要"做到正能量充沛、主旋律高昂,为广大网民特别是青少年营造一个风清气正的网络空间"①。当今世界已经进入了新媒体时代,这种不受时间空间限制、覆盖面广、自由无约束的传媒方式对意识形态教育影响深远。新时代网络引领社会思潮需要发扬进步精神,与时俱进,主动顺应新媒体的传播特点和广大青年心理预期需求而采取适当的沟通方式。面对各种负面消极的思想应该及时给予回应,并采取多途径的有力反击,依据新媒体的特性以图文声色俱全的方式传播正确

① 姜洁,张铎.习近平主持召开网络安全和信息化工作座谈会强调:在践行新发展理念上先行一步　让互联网更好造福国家和人民[N].人民日报,2016－04－20(1).

的思想和价值观,接纳受众的负面情绪宣泄并及时给予疏导,及时帮助广大青年辨识错误的思想和价值观念,防止新媒体过于自由化的氛围给极端和敌对分子提供可乘之机。面对错综复杂的国际政治环境和各种势力的文化思潮的互联网渗透,我们更要注重网络意识形态领域的建设,注重自身网络文化建设,增强网络文化自信,以积极主动的姿态去回应互联网上各种声音。做强网络正面宣传和培育正确价值观的网络文化就是要求我们主动宣传习近平新时代中国特色社会主义思想,讲好中国共产党的故事,讲好中国人追梦圆梦的故事,尤其要讲清楚中国共产党为什么"能",马克思主义为什么"行",中国特色社会主义为什么"好",运用多种方式、利用现代科学技术,向全世界展现立体动感的新中国,用与时俱进的中国特色社会主义理论和社会主义核心价值观来弘扬网络主旋律,通过网络来传播正确的价值观和理想信念,为广大青年营造一个有利于他们成长成才的健康网络空间。

第三,全社会关心、关爱青年需求并营造积极的社会教育氛围就是要打造以互联网为平台的正面宣传渠道,紧跟时代步伐。以共青团为典型的组织应该代表党和国家作为指引广大青年的一线核心力量,绝不能忽视互联网平台的宣传教育和引导作用,要主动占领互联网平台教育指引广大青年的主动权,积极把握住各种大事件背后的教育契机,积极发挥互联网教育的事半功倍作用。勇于利用互联网平台与不良思想舆论做斗争,在涉及重大是非问题和意识形态领域黑白之争时,都应该积极回应那些蓄意"唱衰"主流意识形态的疑惑,用坚定的立场和正确的社会思潮来指引广大青年。尤其是共青团组织在关心关爱广大青年日常生活和学习需求的同时,还要有意识地培养他们积极抵制"非主流思想"的侵蚀,让他们自己具备对抗外界非主流意识形态影响的能力,这样才能有备无患。做好"密集集中性"和"不定时经常性"网络教育的思想准备。我们知道,世界范围内的意识形态等思想战场自从从"现实"转移到网络"虚拟"空间后,呈现出许多新型的特征:隐蔽性、快速传播性、涉及面广等。"密集集中性教育"和"不定时经常性教育"的结合,是理解和运用马克思主义辩证法的集中体现。"密集集中性网络教育"是事物发展中矛盾普遍性的体现,抓住它就是做好日常工作规划的安排,也就是我们常规化的教育。可以用马克思主义理论和中国特色社会主义理论对广大网络青年进行常规化教育,做好思想预防工作,从而也就解决了事物中主要矛盾和全局性问题。"不定时经常性网络教育"关注事物发展中矛盾的特殊性,尤其是遇见节假日或重大事件时意识形态处于波动时期,我们需要在关键时刻不定时通过互联网做好类似的思想教育,引导广大青年坚持正确的社会思潮,从而也就能解决事物中的次要矛盾和局部性问题。

5.1.2　营造风清气正的社会教育氛围

2019 年 4 月 30 日,习近平总书记出席了在人民大会堂举行的纪念五四运动 100 周年大会,他号召全党全社会要主动走进青年,倾听青年并做好青年朋友的"知心人"。如何做好青年朋友的"知心人"? 这就需要我们全社会主动走进青年、倾听青年、融入青年,只有真正融入青年群体,第一时间掌握青年的真实需求、内心的渴望,才能成为真正的"知心人",做青年工作的热心人以及做好广大青年群众的引路人。正如习近平总书记所谈到的,我们关爱广大青年并及时给予指引就像在培育幼苗,必然要经历培土、浇水、施肥、整枝这一系列过程。当广大青年彷徨在人生十字路口时,我们要积极给予方向的指引,鼓励他们奋勇向前。当广大青年在事业上受挫失去信心时,我们要帮助他们重拾初心,在策略上和精神上给予帮助和鼓励。当广大青年在工作中取得一定成效时,我们也及时给予肯定并积极引导他们上升到更高的精神层级——那就是奉献自己、报答祖国。当广大青年在思想上或行为上出现偏差时,我们更是要第一时间站出来帮助他们及时返回正道,给予足够的耐心和宽容帮助他们渡过难关。当代青年除了专心于专业知识学习之外,更加需要投身社会实践,他们迫切希望能够理论联系实际,践行好知行合一。这就需要全社会营造风清气正的社会教育氛围,保障广大青年在积极向上的社会环境中实现自己伟大的抱负。

第一,全社会要营造风清气正的社会教育氛围,就是要为广大青年提供广阔的社会实践平台。全社会要建立一种真正关心关爱青年的用人机制和平台,使得广大青年能够在社会中找到自己的一席之地并发挥自己的真才实干。在中国传统文化中就倡导"老吾老以及人之老、幼吾幼以及人之幼"的仁爱之心、大爱之心。这句话的延伸含义告诉我们,广大青年作为每个核心家庭的期望,肩负着整个家庭的未来。我们好比广大青年的长辈,要像爱护自己的晚辈那样去关心、关爱广大青年。这就需要我们有着"仁爱之心",带着我们中华民族传统文化中集体潜意识服务好广大青年,让广大青年深刻感受到党和国家社会无处不在的关心和关爱、为广大青年提供广阔的社会实践平台,在服务和指引广大青年过程中让他们感受到如坐春风般的亲切。这种关爱和关心犹如每个家庭里的长辈,带着真挚的期望寄予着浓厚的情感,无疑会为我们开展青年教育工作奠定深厚的感情基础。当代青年思想活跃,乐于接受新鲜事物,紧跟社会乃至世界潮流,可谓"初生牛犊不怕虎"。正是因为敢于尝试一切未知事物,也难免会经历一些负面的体验,这和青年自身发展规律是吻合的。青年群体处于对外界事物好奇并不断去尝试的阶段但由于缺乏稳定和正确价值观,还不足以鉴别出好坏优劣便一股脑地欣然接受,甚至将一些错误的价值观念认为是"前卫"和"个性"的代名词。这种自身观念的局限性和过于理想化的状态使得青年在寻求自我发展和价值实现中经常碰壁。这个时候就需要我们全党全社会勇于担当起青年教育的先驱者和执行者的责任,按照科学有效的方式正确引导青年,使得他们在实践岗位上形成正确的人生观和价值观,鼓励广大青年在实践中"试错",敢于在社会活动中验证理论知识。

第二,全社会要营造风清气正的社会教育氛围,就是要建立公平公正的人才聘用机制。建立公平公正的用人机制也是社会主义核心价值观对全体社会要求的具体措施。不管是哪个年代的青年都是创新创造的代名词,他们当仁不让地走在时代的最前沿。他们有着敏捷的思维,用极其敏锐的触觉感知着世界最前沿的动态。那股"初生牛犊不怕虎"的冲劲让他们敢于去尝试新鲜事物、敢于去冒险、敢于挑战一切未知。初出茅庐的青年带着这股冲劲步入社会、进入人生重要的转折点,他们满怀期待地希望顺利融入社会生活,然而现实中难免会遇见不尽如人意的困难和挫折,这也是广大青年验证理论知识的大好时机。全社会应该形成一种风清气正的氛围,保障广大青年能够顺利度过人生的转折期。要让广大青年不失望,这就需要我们建立公平公正的社会竞争机制,保障有真才实学的年轻人能够获得匹配的工作岗位,让社会这一"无字之书"中的积极能量潜移默化地影响广大青年。我们党和全社会不仅要做到近距离地接近和融入广大青年中,更要多渠道听取来自青年的不同声音,最关键要去听取一些批评的声音、一些埋怨的声音。批评的是事实,就要反思工作中存在哪些问题;倘若有误解存在,要及时沟通做好宣传并从情绪上做好安抚。

5.1.3　发挥共青团在广大青年思想领域中的积极引领作用

发挥共青团在广大青年中的引领作用。党的十八大以来,以习近平同志为核心的党中央一如既往地高度重视共青团工作,习近平总书记围绕青少年和共青团工作也发表了一系列重要讲话,为共青团如何更好地服务广大青年提供了具体的思想和工作指引。

第一,共青团要积极主动引领广大青年思想价值,首先一点就是要坚持"党的绝对领导"这一重要前提。习近平总书记引用邓小平同志的话说:"共青团犯一千条错误都没有关系,但是有一条错误不能犯,就是脱离党的轨道。"①可见,脱离党的领导是最大的错误。党对共青团领导意味着在任何时候都要把共青团定位在党的绝对领导之下,包括绝对的政治领导、绝对的思想领导和绝对的组织领导。与此同时,共青团要与党中央的精神指示保持高度一致。共青团作为引领广大青年群体的重要组织,一定要与时俱进,紧跟时代步伐,甚至要超前引领广大青年的思想动态,时刻关注青年的真实需求。用马克思主义理论来指引广大青年在面对一切重大问题时做出正确的选择,尤其要有政治意识、大局意识、核心意识、看齐意识,通过增强这四个意识来永葆自己的党性。毫无疑问,这对于用伟大的理想信念感召广大青年具有明确的导向性。共青团通过与青年的"命运共同体",更好地把共青团与青年的利益联系在一起。

第二,共青团要引领广大青年思想价值还需要把思想政治教育工作贯穿到所开展的各种活动中来。共青团要充分发挥重要沟通桥梁的作用。共青团必须树立宗旨意识,坚持以青年为中心的工作导向。紧密联系群众是党执政以来一直的优势,只有不断巩固党的群众基础才能防止"颜色革命",而把握住广大青年这一坚实的群众基础,有效凝聚广大青年的力量并使之紧紧围绕在党的周围,是当前我们这个时代新的重要课题。共青团要集中精力做好群众的沟通、教育、宣传工作,通过有效的方式凝聚人心、化解矛盾,这样才能增进人民群众对党组织的感情,从而达到事半功倍的效果。尤其是要用马克思主义信仰、中国精神以及社会主义核心价值观来凝聚广大青年,使他们自发地靠近团组织,

---

① 习近平.论坚持党对一切工作的领导[M].北京:中央文献出版社,2019:98.

自觉地承担起自己的历史使命。站在新的历史起点,共青团必须顺应社会潮流,与时俱进,充分发动团组织在社会各领域中对青年的思想政治教育资源,通过整合这些资源和力量,当仁不让地走在时代的前沿。共青团组织通过在全社会构建育人的大环境并形成合力,从而更好地引领广大青年并充分调动和激发广大青年的热情和斗志,使得他们在为实现中华民族伟大复兴的中国梦这条大道上矢志不渝,奉献自己的青春和热血。

第三,共青团要引领广大青年思想价值就要用习近平新时代中国特色社会主义思想来教化广大青年,让他们由内而外坚定不移地践行社会主义核心价值观。在新的历史条件下,呈现出许多隐蔽的无形战场,习近平总书记将其定义为"进行具有许多新的历史特点的伟大斗争"①,主要集中在思想领域的无硝烟斗争,而且这个斗争具有长期性,我们不能掉以轻心,必须做好持久战的准备。既然要进行思想领域的战斗,那么我们就要有战斗的"武器",这个战斗的"武器"不仅要有直接对抗外来不良思想的能力,更要具备防御思想领域被同化和侵蚀的能力。当下具备"抵抗"和"预防"条件的思想"武器"就是习近平新时代中国特色社会主义思想的重要构成内容之一——社会主义核心价值体系。用社会主义核心价值观引领广大青年,意味着在具有中国文化底蕴的价值引领下,广大青年能在人生关键时期扣好"人生的第一粒扣子"并最终实现自己的人生价值。培育和践行社会主义核心价值观成为党和政府对广大青年进行指引教育的重点内容,只有帮助广大青年树立好正确的价值观和坚定的理想信念,整个社会才会出现良性循环,呈现出有利于整个国家社会发展的积极局面。

5.2　以学校教育为主体

学校是广大青年的聚集地,也是青年一生中集中学习时间最长的地方。学校肩负着学习研究宣传马克思主义、培养中国特色社会主义事业建设者和接班人的重大任务。办好思政课更是学校落实立德树人这一根本任务的关键,学校要通过树立全员、全过程育人意识并利用校园软、硬环境教育好广大青年。因此,以学校教育为主体,就是要求学校教育重视并加强马克思主义教育的理论

---

① 习近平. 决胜全面建成小康社会　夺取新时代中国特色社会主义伟大胜利:在中国共产党第十九次全国代表大会上的报告[N]. 人民日报,2017 - 10 - 28(1).

研究,打造好思政教育的主阵地,形成全员、全方位、全过程的育人机制。

5.2.1　重视并加强马克思主义教育的理论研究

2015年12月9日,《中共中央关于加强和改进新形势下党校工作的意见》印发。随后,习近平总书记在全国党校工作会议上指出:"党校姓党,是党校工作的根本原则,也是做好党校工作的根本遵循。"①坚持姓"马"姓"共",坚持"党校姓党",就是把党的主流意识形态旗帜亮出来,坚持马克思主义理论在意识形态领域的指导地位。当代中国意识形态建设领域存在诸多问题,这显然是不利于当代青年成长的因素,尤其是在旗帜问题、文化问题、制度问题等重要性问题方面。对此,我们共产党人以及负责青年教育的相关部门必须统一认识,在党和国家层面高度统一。不仅要影响党校内部青年群体,使得他们统一立场、坚定自己的立场,更要他们扩散自己在青年群体中的影响力带领其他青年、积极影响其他青年。加强青年教育,要让党校、高校等成为马克思主义理论学习、研究、宣传的重要阵地。党校和高校都是青年聚集地,习近平总书记对这两个领域的思想动态和意识形态教育极其重视。随着社会马克思主义教育弱化的现象越来越严重,加强青年理想信念等意识形态教育十分有必要,为此要在青年中加强和改进马克思主义理论教育。

学校是意识形态教育的前沿阵地,肩负着为实现中华民族伟大复兴的中国梦提供人才智慧储备和输出的重任。对于学校如何进一步加强和改进马克思主义理论教育育人任务,习近平总书记曾强调:"高校肩负着学习研究宣传马克思主义、培养中国特色社会主义事业建设者和接班人的重大任务。"②身处高校的青年教师和青年学子是新时代青年群体的核心力量,肩负着研究宣传马克思主义的重要责任。高度重视马克思主义理论教育是高校立德树人的首要任务,更是树立高校意识形态话语权和管理权的重要手段和保障大学生思想政治教育工作有条不紊开展的重要前提。加强高校的思想政治工作的重点就是"立德树人"和"把握高校意识形态工作的主动权"。只有牢牢把握正确的政治方向和

①　习近平.在全国党校工作会议上的讲话(2015年12月11日)[J].求是,2016(9):9.

②　董洪亮.习近平就高校党建工作作出重要指示强调:坚持立德树人思想引领,加强改进高校党建工作[N].人民日报,2014-12-30(1).

思想引领,把社会主义核心价值观的教育穿插在整个育人过程中,以潜移默化的教育方式来引导青年学生,才能为党和国家培养出高素质的青年人才。另外,高校作为意识形态领域争夺的前沿阵地,面对当前国内外复杂的思想意识形态,要用马克思主义理论指导下的意识形态来引领广大青年师生。只有做好高校意识形态坚守育人工作,铸牢青年师生的马克思主义理想信念,才能坚定广大青年政治理想和信仰,忠诚于中国共产党,不忘初心跟党走。马克思主义理论是我们的"看家本领",练好看家本领才能让国家走向正确的发展道路。要带领青年坚持读各种"原著",尤其是马列相关的经典文集,通过读原文来深刻体会书中的道理,要用马克思主义基本原理来解决中国当前遇见的具体的实际问题。在日常工作中,要大大方方地、立场坚定地讲马克思主义、讲党性、讲我们中国特色社会主义的艰辛过程和来龙去脉。要把"党性教育"作为共产党人重要的"心学"必修内容。习近平总书记对党性教育的内容更是有直接明确的指示,不仅对高校教师自身的党性素养有着较高的要求,而且对于开展青年工作的队伍建设有着重要的促进作用。党的青年工作需要高素质的队伍来开展,那么我们就要加强对高校教师的提升教育。毫无疑问,每个国家的青年一代都肩负着建设国家的历史使命,马克思也经常在他的论著中谈到,青年们虽然还没有形成保护自己的能力,但他们是现实社会中最活跃的力量,是每个阶级都想争取的群体,有了青年一代的认可和拥护,伟大的事业才有实现的可能。广大青年要把理想信念建立在对国情、社情、历史规律的正确认识上,用科学理论知识武装头脑,用社会主义核心价值观指引自己在社会实践中坚定自己的理想信念。

5.2.2 打造好思政教育的主阵地

青年阶段是人生的"拔节孕穗期",这个时期的青年心智逐渐趋于成熟,思想最为活跃,需要精心地栽培。2019 年 3 月 18 日,习近平在召开学校思政政治理论教师座谈会上明确指出:"思政课是落实立德树人根本任务的关键课程,思政课作用不可替代,思政课教师队伍责任重大。"①打造好思政教育主阵地的关

---

① 习近平.思政课是落实立德树人根本任务的关键课程[J].求是,2020(17):4.

键在于办好思想政治理论课。

第一,办好思想政治理论课的关键在教师,要发挥教师在思想政治理论课中的主观能动性,做好"人师"表率。正所谓"经师易求,人师难得"。思想政治理论课老师不仅仅担负了传道授业解惑的职责,他们更是帮助广大青年扣好第一粒纽扣的人生导师。思政课涉及的领域十分广泛,与时势结合紧密,对思政课老师的知识储备要求很高,尤其在面对一些很尖锐深刻的社会现实问题时,一定要立场坚定地引导好广大青年,为他们答疑解惑。涉及深层次理论和实践问题时,思政课老师要用马克思主义立场和观点去分析问题,引导青年学生深入思考并解决实际问题。学校要让学识渊博、立场坚定的思政课老师成为一线的主力,让学生能够在思政课堂中真正获益。办好思政理论课的关键就是要通过各种措施建设好教师队伍,从而充分调动思政课教师的积极性、主动性和创造性。具体来说,一是要创新工作机制,加大培养和激励力度,吸引更多的青年教师主动到思政课教育岗位上来。学校要响应国家对思政课教师队伍建设要求的政策,无论在形式还是实质上都要重视思政课教师队伍建设,重点就是加大思政课教师队伍培养力度和创新教师激励措施,使得思政教育成为青年教师心向往之的崇高事业。二是要改革思政课教师评价机制,充分调动思政课教师的积极性和创造性。鉴于思想政治教育领域的特殊性和话语体系的意识形态性,与其他学科领域的学术创作有着差异性,无法用统一的衡量标准评估学术水平高低,因此要让思政课教师的"思想性"和"学术性"统一起来,彼此相互支撑。为了让思政课教师在"教学"和"学术"相互促进,尤其是要将学术研究落实到教书育人上。对于那些思政课教学效果显著的先进个人要及时给予表彰认可,国家级别的奖励甚至可以成为一线教师职称晋升的重要支撑材料,不唯"论文"论。要让从事思想政治教育的专兼职老师以及一线的思政教辅人员有机会获得学术上的提升和认可。学校干部的选拔要把思政课教师队伍作为重要来源,只有在理论和实践上都具有扎实的功底才能成为大学领导者和教育者,让思政课教师看到个人职业发展的前景从而激发内在的动力更好地教书育人。三是学校要全方位完善课程体系,协调好各类课程和思政课相互配合的问题,增强各科教学的协同性,鼓励教学名师到思政课堂上讲课。充分利用好开学典礼、毕业典礼以及各种重要节假纪念日开展思想政治理论课教育,邀请在青年学生中有影响力和号召力的教师走上讲台,在青年学生人生重要的时刻及时给予精神食粮,弘扬好社会主义核心价值观。

第二,办好思想政治理论课的还需做好课程设置,增强思想政治教材的趣味性和实际性。课程设置要保持稳定性,但内容和授课方法要与时俱进。学校要依据广大青年学生在不同的阶段安排设置不同内容的课程,大学低年级和高年级的青年学生所面临的困惑是截然不同的,我们要依据青年发展规律设置好课程内容从而做到因材施教。具体来说,一是由于思政课区别于其他学科最重要的一个特征就是它的政治性很强,我们思政课的教材编排必须体现出坚定的共产主义信仰,有着中国特色社会主义的话语体系。这是我们对思政课课程设置和教材编排的底线要求。二是课程设置要有科学性,尤其要注重思政课教材的科学性。因材施教最重要的体现就是依据不同年级的青年学生设置不同内容的课程,比如低年级的青年大学生更多面临的是对大学适应性问题、人际交往问题、对大学学习困惑等问题,这个时候思政课教材要贴近实际、贴近生活,从青年学生的角度出发,帮助他们解决真实困惑再给予价值观引导,从而帮他们树立信心;对于高年级的学生存在情感困惑、职业选择和发展性问题,我们要及时给予专业性建议帮助他们做好人生的选择,扣好人生第一粒纽扣。通过不同形式内容的活动或讲座方式帮助他们稳定自己的人生观和价值观,鼓励他们把个人的梦想与国家发展结合起来才能走得更远,飞得更高。三是教材内容和课程授予方式要与时俱进,彰显时代性。思想政治教育在不同的历史阶段有着不同的育人功能和目的,随着时代和社会发展变化,我们必须对此做出相应的调整。没有一成不变的教材更没有屡试不爽的教学方法,思政课是唯一一门讲究时效性的课程,自然对授课内容和授课方式方法有着相应的时代性要求。只有顺应时代的变化,紧跟社会发展脚步,对当下广大青年学生关注的社会问题和社会现象给予深层次的理论剖析和引导,才能真正实现思政课的时效性。本书曾在"新时代青年教育研究的形成"这一章探讨过青年教育"供"与"需"的矛盾,而办好思政课也需要解决好这一矛盾,对于受教育者的"需"我们要有切实的了解,依据受教育者的"需"采取新的教育方法来"供"才能真正实现青年教育的实效性。

5.2.3　建立全员、全方位、全过程的育人机制

习近平总书记曾在全国高校思想政治工作会议上指出:"把思想政治工作贯穿教育教学全过程,实现全程育人、全方位育人。"①我们认为学校要贯彻落实新时代青年教育研究的途径就是通过利用校园教育"软硬"环境方式来实行全员、全过程、全方位育人。

第一,学校树立全员、全过程、全方位育人意识,重视校园"软"环境作用,关键就是在全体教师全方位育人和全过程育人过程中,创造有利于进行各种隐性教育的"软"环境。比如可以采用情景教育方式在高校各类专业课教学过程中引入思想教育,但前提是实施思想政治教育的主体有着较高的思想水平,这样才能做好引导者的工作。那么,高校要树立全员、全过程育人意识并重视校园软硬环境作用的首要途径就是提升全员教师群体自己的思想水平、业务水平和服务水平。提升全体教师思想水平就是加强高校全体教师马克思主义理论学习,保持坚定的信仰和道德水准;提升全体教师业务水平就是要加强全体教师各自专业学习的不断更新和与时俱进,改变固有的"一招鲜吃遍天"思维模式,要跟上新时代科学技术和观念从而实现自身业务能力不断提升;提升全体教师服务水平就是加强全体高校教师服务意识,确立广大青年学子在校的"主人翁"地位而不是传统的一味被灌输的"填鸭"对象,通过高水平的服务意识激发广大青年学子自我教育意识从而达到潜移默化的教育目的。在中央颁布的《关于加强和改进新形势下高校思想政治工作的意见》等一系列相关的政策文件中,文件精神就是把思想价值引领贯穿教育教学全过程和各环节。比如随着近几年来思政教育水平的提升,上海许多高校实践了"隐性思政教育",大学专业课添加了"德育味",综合课调入了"思政味",各类专业中融入了职业观和人生观,外语课堂上阅读《共产党宣言》原文,等等。这些具有人文情怀的专业教师使得这些专业课在无形中具备了铸魂育人的功能,让广大青年学子在积极向上和充满正能量的校园"软环境"中得到更好的滋养。

---

① 吴晶,胡浩.把思想政治工作贯穿教育教学全过程　开创我国高等教育事业发展新局面[N].光明日报,2016-12-09(1).

第二,学校树立全员、全过程、全方位育人意识,重视校园"硬"环境作用,关键就是在全体教师全方位育人和全过程育人过程中,创造有利于进行各种隐性教育的"硬"环境。"硬"环境指的是高校校园自然景观、校园教学楼和宿舍等房屋建设,这些都是潜在的教育资源。随着社会经济发展和对外开放,我们的大学逐渐向全世界看齐,尤其是在大学的地理位置、占地面积和校舍楼的建设方面在全世界可谓首屈一指。受工业化和追逐经济效益的各种影响,许多大学校园的建设也变得逐渐相似,以追求高大的办公楼和教室楼为统一的偏好,失去了原有的文化底蕴和建筑特色。就像彼得·德鲁克曾经在他的《管理之道》一书中讽刺过的一样,现在大学的建筑和教育理念就像肉类加工厂一样把学生"加工培养"成千篇一律的样子。"所谓大学者,非谓有大楼之谓也,有大师之谓也。"著名教育家梅贻琦先生的著名论断,一语道出大学的本质。而现代大学校园建设无论是教学楼还是校舍楼一个比一个高,校园内环境建设也是犹如拷贝一样毫无特色可言。这与当年梅校长提出的"所谓大学者,非谓有大楼之谓也"相去甚远。高校要树立全员、全过程育人意识,就要重视校园"硬环境"打造,充分挖掘校园内物质文化建设潜在的教育资源,这对于长期生活和学习在校园内的青年大学生来说有着重要的潜移默化作用。首先,对于一些有着历史文化底蕴和记录了国家重大历史事件的高校校址,要在保持年代原貌的基础上进行维护,不能为了追求现代科技化的校园而大刀阔斧地整改得面目全非。要将那些具有年代感和教育意义的老校址和旧教学楼完整地保存下来作为自己校园文化的传承,使得广大青年学子学习和生活在底蕴浓厚的校园文化氛围中"不教而学"。其次,高校应该把追求知识、追求真理作为大学校园文化中的目标精髓,并将之体现在校园建设当中,形成自己的文化特色而区别于其他高校。最后,要利用当前的校园物质文化建设对广大学子进行经常性的就地取材教育,充分发挥校园物质文化建设等硬环境对广大青年的潜移默化教育作用,并做好正面宣传教育扩大影响力,发挥高校的文化服务社会功能,进而扩散影响到社会青年,以达到事半功倍的效果。

5.3 以家庭教育为基础

习近平指出:"广大家庭都要重言传、重身教,教知识、育品德,帮助孩子扣好人生的第一粒扣子,迈好人生的第一个台阶。"①中华民族历来重视家庭,家庭对社会和文明的影响和贡献是不可小觑的,更是无法被替代的。习近平总书记在许多场合公开号召广大人民群众要重视家庭生活、重视家庭教育,尤其是要重视优良家风的传承。自古以来家国同构,只有实现中华民族伟大复兴,"家庭梦"才能梦想成真。家长在家庭中培育和践行社会主义核心价值观,把美好的道德观念从小传递给孩子,做好孩子的第一任教师。以家庭教育为基础,就是通过家庭教育来助力青年教育并形成家庭教育机制,建立家庭教育的导向和激励机制以及发挥家风家训潜移默化的教育作用。

5.3.1　助力青年教育并建立家庭教育机制

青年是家庭内部的核心成员,更是社会发展进步的主力军,他们的健康成长直接关系着国家社会的良好发展。而青年的直接教育人就是父母,青年的发展前景取决于父母的教育质量,家庭教育不可或缺。家庭作为青年社会化的摇篮,肩负着广大青年世界观、价值观的早期启蒙任务。家庭教育要与社会教育、学校教育形成协同关系,通过合力来帮助广大青年更好地成长成才。

第一,助力青年教育并建立家庭教育机制,无论在形式还是内容上都要重视家庭教育,核心关键就是父母的家庭教育意识。每个青年从出生到成年,都是在父母的引导和陪伴下认识外界事物,了解周围的世界。广大青年本身处于一个求知欲和好奇心强的阶段,但是由于自身发展还不成熟,缺乏明辨是非的能力,导致他们对外界的认知大部分是通过父母的言行举止引导获取的。因此,父母自身的素质和认知以及学习能力决定了广大青年的行为观念。父母要以身作则,帮助孩子形成正确良好的价值观。尤其是要用社会主义核心价值观指导自己的行为举止,在孩子内心种下真善美的种子,教育孩子形成良好的家庭美德。良好的家庭学习氛围自然能够让青年养成学习的好习惯,在好的学习氛围中培养青年的分析、解决问题的能力,提升辨别是非的能力。

第二,助力青年教育并建立家庭教育机制,核心关键在于家庭教育中父母要营造一个包容、开放的家庭氛围。首先,父母营造温暖幸福的家庭氛围自然

①　马占成.习近平在会见第一届全国文明家庭代表时强调:动员社会各界广泛参与家庭文明建设推动形成社会主义家庭文明新风尚[N].人民日报,2016-12-13(1).

离不开父母之间的和谐关系,家庭中良好的夫妻关系决定了一个家庭的温度,这对于青少年的成长来讲是至关重要的。家庭教育中,父母首先要处理好夫妻关系,夫妻之间的矛盾冲突尽量不在孩子面前爆发,问题出现后要及时妥善处理好,给孩子营造一个安全温暖的家庭氛围,这有利于青少年的身心健康发展。其次,父母自身的人格态度影响着整个家庭氛围,一个开放、包容的家庭必然有一对开明、民主的智慧型父母。这样的父母能够提供给孩子无条件的支持和关爱,这对于青少年一生来说都是宝贵的精神力量。广大青年带着来自家庭中的精神力量才能养成良好的心态去抵抗未来人生中遇见的所有压力和挫折。

5.3.2 建立家庭教育的导向和激励机制

父母在孩子成年后身份就有了转变,从最早的保姆型和指导型的父母转变为教练型和导师型的父母。这一身份的转变意味着父母在家庭教育中要结合青年发展规律和特点及时地转变教育方式,建立适合广大青年身心发展的导向机制。

第一,家庭教育中,教练型和导师型的父母要帮助广大青年树立坚定的理想信念,面对多元化社会思潮,选择正确的人生道路。当前社会是一个多元化、多样化的社会,充斥着各种正确和错误的文化思潮,这对于广大青年来讲是一个巨大的挑战。青年如何在众多的社会文化中选择符合自己发展的价值准则从而更好地融入社会呢?显然父母要做好广大青年的教练和人生导师,带领青年身体力行地践行社会主义核心价值观,使得孩子坚定自己的选择,用社会主义核心价值观来指引自己的行为观念。父母要像导师一样指导广大青年用正确的理想信念看待社会现象、能够辩证看待问题、将理论与实践很好地结合起来。父母还要帮助广大青年树立正确的奋斗目标,恰当的奋斗目标有利于广大青年有策略地开展自己的人生规划。父母要像教练一样结合自身家庭条件和青年的性格特征、兴趣爱好等特点来帮助青年确定符合实际的目标,这样既能调动广大青年的积极性,也能帮助青年早日实现成才的目标。

第二,家庭教育中,教练型和导师型的父母要多一些肯定和鼓励,少一些否定和惩罚,平等的沟通交流方式有利于家庭教育的开展。心理学告诉我们,家庭教育中采取正面管教有利于青年身心健康发展。假如父母采取打骂和责备的教育方式,那么青年也会效仿这种沟通方式并将此带入今后社会中的人际交往,显然这不利于社会和谐稳定。当青年遇见困难或者难免犯错时,教练型和导师型的父母应该采取平和的方式帮助青年分析原因,找到问题的解决办法后再鼓励青年,挖掘青年的优点,激发他们内在的动力和积极性。这对于传统型的父母的确是个不小的挑战,自古以来传统思想中就有着"父母之命不可违",父母的意愿即便是错误的,子女也必须要无条件服从。如今时代发生了巨大的转变,父母和子女之间发生了冲突和矛盾,父母要及时与子女沟通交流,客观看待问题,通过平等交流的方式正确引导子女。父母只有保持不断学习才能跟上时代脚步,才能担负起教育广大青年的责任。

5.3.3　发挥家风家训潜移默化的教育作用

好的家风家训承载着中华民族历代的价值观和道德取向,与现代家庭生活相适应,能够彰显社会主义家庭美德,具有时代特色,深刻影响着个人成长、社会风气、时代精神甚至是国家命脉。因此,我们要发挥家风家训在家庭中潜移默化的教育作用来促进广大青年成长成才。

第一,以家庭为单位充分地发挥家风家训对青年群体潜移默化的教育作用,就是通过以家庭为核心帮助广大青年,达到青年教育内容的真正内化。内化的前提是基于一定的理性认识之上的,进而产生情感倾向,情感的形成对行为产生催化和强化作用。因为情感是加深认知的催化剂,也是行为的推动力。家风家训中形成的价值观和当代青年教育内容都根植于中国传统文化,有着同根性。家风家训的内容基本上都传承了我们中国古代儒家思想观念,普遍集中体现在"忠、孝、仁、信、廉、耻"等道德观念上,如《朱子家训》总论家庭关系准则:"父要严,子要孝……"许多类似这样的家训无一例外都在教导下一代怎么样的人是一个品行高尚的好人。只有做到符合家训中提倡的行为标准,才能成为一个符合道德的人。如今,我们提倡的社会主义核心价值观的爱国、敬业、诚信、友善与前者也有异曲同工之处。正是这样的价值内容契合,使得家风传承中的情感认同得以转移,家庭中的血缘关系使晚辈对父辈或祖辈有更多的信任和依赖,从而更容易接受上一辈的价值观。这种对家族文化的认同甚至可以上升到道德信仰而深入人心,相互影响、代代相传。

第二,以家庭为单位充分地发挥家风家训对青年群体潜移默化的教育作用,就是以家庭为核心帮助广大青年,达到青年教育内容的外化。正确的理性认知和稳定的情感体验才能产生期望的行为。"夫同言而信,信其所亲;同命而行,行其所服。"①在这种血亲情感环境中耳濡目染,便产生了认同的行为实践。正所谓知行合一,知是基础,行是关键。一直以来,我们都习惯用自上而下的宣传方式来灌输我们的价值观念,殊不知,家风家训正是一种自下而上的方式,从家庭传播给社会,形成一股合力。每个家庭成员在历经锤炼的家风家训中如坐春风,聆听祖辈的谆谆教诲,这种家风家训的教化使得每个人都形成一套行为规范来约束自己。

家风通常以家训、家规的方式教化家族一代又一代人,抑或是一种言传身教的行为影响力。在中国古代家国同构时期,"国有国法,家有家规""不以规矩,不能成方圆"等更是把家规上升到与国法一样效力的重要地位,可见家训家规对家族成员的极大约束力和规范作用,个人的思想品德也在家风熏陶下得以形成和传递。这种影响力更是一种榜样示范,尤其是家族里有着威望和人格魅力的长者,他们的丰功伟绩和贡献树立了良好的榜样,让家族成员引以为豪的同时更加心向往之。综观那些各行各业的佼佼者,他们无一不是良好家风家训的受益者。央视热播的《朗读者》其中一期请的是著名的作家郑渊洁,在他与父亲的深情朗读中我们读到是父亲的勤奋、节俭,以及对孩子无条件的爱。正是这样的家庭环境给予了郑渊洁创作的源泉。这种可见、可行的家风家训传承使得核心价值观人格化、具体化,真正地外化于行,也使得广大青年在和谐健康的家庭环境中潜移默化,从而习得正确的价值观。

5.4 以个体教育为重点

青年们正处于学习各种知识本领的黄金时期,要建立好正确的学习观念,所有的成就都要靠自己的努力来实现。要贯彻落实新时代青年教育研究丰富内涵,最终还是要回到受教育的主体。以个体教育为关键,就是要广大青年增强自我教育意识提升自我教育能力,自觉践行社会主义核心价值观以及把人生

---

① 王利器.颜氏家训集解·序致篇[M].北京:中华书局,1993:23.

理想融入国家和民族的事业中。

5.4.1　增强自我教育意识,提升自我教育能力

增强青年个体的自我教育能力,首先就是要增强自我学习意识,明确和端正学习动机。加强自我学习能力,尤其是要提升自我教育的责任感和自觉性。这是开展青年自我学习教育的基本前提,没有强烈的自我教育动机,一切都是空谈。如何提升自我学习动机和能力? 要把自我学习和教育上升到更高的层级,广大青年的自我学习和教育有利于国家民族事业的发展。另外,谈到自我学习动机和能力的时候不得不谈到过去我们在教育过程中过于注重"教",忽略了受教育者的"主体性"和"主观能动性",忽略了受教育者的"非智力"因素在整个教育过程中的重要作用。随着社会发展带来的激烈竞争,许多青年群体面临着各种认知偏差和思想不成熟造成的心理困扰。它不仅影响着青年的学业发展,而且持久的内心冲突对生活也造成了严重的困扰。毫无疑问,在解决此类思想问题的时候,应先改变认知,改变不合理信念,保持健康的心理状态,再去解决如何形成正常的世界观、人生观和价值观的问题。只有这样才能提升广大青年的自我教育动机和保持自我教育的自觉性,并将其学习的动机上升到较高的层次上来,那就是为祖国发展做出应有的贡献。

增强青年个体的自我教育能力就是要不断加强现代化专业知识和技能的学习,自觉将理论和实践相结合,不断反复去求证和验证知识的科学性和有效性。加强现代化科学知识的学习不得不提到国际交流学习,习近平总书记经常在外交场合呼吁广大青年要珍惜现在的各种外出留学机会,开阔眼界,交流互鉴,增长知识和才干。现代化专业知识的获得途径随着多媒体网络技术迅速发展也越来越多样化,尤其是教育方式的改变让广大青年可以随时随地按照自己的需求获取相应的知识。手机网络的普及,使广大青年更加便捷地通过互联网学习掌握到国内外最新的知识,尤其对于西方先进的科学知识要有甄别地吸收。广大青年要用习近平新时代中国特色社会主义思想和马克思主义辩证思维去鉴别出科学文化知识里的意识形态侵蚀。这里谈到理论和实践相结合,就是要我们广大青年在掌握学习了科学知识后保持清醒的头脑,并将其用在实践中,尤其是在为我们国家建设发展中进行验证。是否有利于国家的发展,是否

符合我们当下国家经济发展水平和精神文明建设的需要,这些都是我们广大青年必须在理论付诸实践中所要求证的。广大青年要秉承科学精神,防微杜渐,警惕那些隐含在西方科学知识文化中的错误价值观的侵入。何为科学的理论?历史经验和事实证明,马克思主义经典理论是久经考验的科学理论,在中国社会意识形态发展中顺应历史发展规律的理论主导了社会的思潮。始终代表无产阶级利益的马克思主义就是这样的科学理论体系,它不仅阐释了人类历史发展规律,而且坚持以广大人民群众的利益为前提,不断探索和解答各种理论实践等问题。

5.4.2 自觉践行社会主义核心价值观

广大青年只有把个人发展与社会主义核心价值观结合起来,用社会主义核心价值观来作为自己的指导思想和行为准则才能获得更好的发展。2014 年 5 月 4 日,习近平在北京大学师生座谈会上呼吁广大青年"牢固树立社会主义核心价值观","自觉践行社会主义核心价值观","使社会主义核心价值观成为自己的基本遵循,并身体力行大力将其推广到全社会去"。这些关于青年成长成才具体路径的重要论述是广大青年付诸实践的重要参考。

第一,广大青年要牢固树立社会主义核心价值观,并从中汲取营养。社会主义核心价值观是中国独具特色的价值观念,凝聚了中国文化中集体无意识的精髓,成为引领社会思潮的主流价值观。广大青年正处于成长的关键期,面对复杂多变的社会环境充满着焦虑和迷茫。越是迷茫越需要一个正确和稳定的价值观作为自己的行动指南,社会主义核心价值观恰好从个人层面上为广大青年提供了价值准则。爱国是团结广大青年的最大公约数,也是民族精神的根本体现。广大青年要将个人的发展和国家的命运前途联系在一起,必然就是建立在爱国基础之上,从国家的根本利益出发为祖国的发展贡献自己的力量。敬业,为广大青年在走向工作岗位时提供了重要的价值准则。三百六十行,行行出状元,广大青年只有坚持爱岗敬业,干一行爱一行,才能在各自的岗位上发光发热。诚信是一个人最基本的原则,也是社会中人与人形成信任感的重要前提,广大青年在工作生活中要坚守诚信,传递社会正能量。友善是和谐社会环境中重要的通行证,广大青年要秉承一颗友好善良的心去对待周围的人群,用友善换取珍贵的亲情、友情、同事情、师生情。友善能给广大青年带来良好的社会支持系统,只有获得周围人群的全力支持,才能获得事业上的成功。广大青年要从社会主义核心价值观中汲取这些营养来规划自己的人生和事业,才能最终实现价值目标。

第二,使社会主义核心价值观成为自己的基本遵循。广大青年如何通过践行社会主义核心价值观达到知行合一呢?对此,习近平总书记给出了具体的导向和实现途径。他分别从勤学、修德、明辨、笃实四个方面,号召广大青年学子要下得苦功夫,求得真学问;加强道德修养,注重道德实践;善于明辨是非,善于决断选择;扎扎实实干事,踏踏实实做人。①"空谈误国、实干兴邦"。广大青年要有实干精神,要勇于开拓进取,走在时代的前列,把社会主义核心价值观身体力行推广到全社会。这就要求广大青年奋勇前行,用内化的社会主义核心价值观去感染影响他人;直面各种困难和挫折,勇于同各种企图破坏社会主义核心价值观的恶势力做斗争。广大青年通过带头表率来践行和宣传社会主义核心价值观,是知行合一的最佳实现方式。广大青年不仅要坚定自己践行社会主义核心价值观的决心,还要主动带领和影响周围的人积极去践行社会主义核心价值观。当下多元化的思潮风起云涌,社会主义核心价值观作为主流社会思潮,肩负着引领社会意识形态的重要责任。当代青年一方面通过内化于心的方式从社会主义核心价值体系里吸取营养自我成长;另一方面通过外化于行的方式践行社会主义核心价值观,并在社会实践中身体力行将其推广到全社会。

5.4.3 把人生理想融入国家和民族的事业中

广大青年的成长不是孤立的,要与国家、民族紧密联系在一起。青年只有把人生理想融入国家和民族的事业中,才能最终成就一番事业,这也是青年个体实现成长成才的路径抉择。"同人民一道拼搏、同祖国一道前进,服务人民、奉献祖国,是当代中国青年的正确方向。"②新时代青年教育研究的实现,有利

---

① 习近平.青年要自觉践行社会主义核心价值观:在北京大学师生座谈会上的讲话[N].人民日报,2014-05-05(2).

② 艾文礼.青年的努力方向 人生的价值指南:学习习近平总书记给保定学院西部支教毕业生群体代表回信的体会[N].光明日报,2014-05-08(4).

于把青年同祖国人民联系起来,鼓励青年与人民保持紧密的联系,在服务人民、奉献祖国的进程中成长成才。

第一,同人民一道拼搏。青年同人民一道拼搏是为广大青年指明奋斗的方向,与人民为伍,这是有历史传承性的。毛泽东就曾一针见血地指出:"人民,只有人民,才是创造世界历史的动力。"①中国共产党在艰难困苦时期赢得革命、建设和改革等一系列伟大成就,核心关键就是依靠了人民的力量。广大青年选择与人民共进退,而人民的选择代表着社会前进的方向,顺应社会前进的方向才能获得进步。青年必须深入人民群众中虚心向人民请教、向人民学习,小到生活生存技能,大到人生哲学都蕴含着无穷的力量。青年选择与人民一道拼搏也就意味着选择了深入社会实践,中国人民的智慧是在历代奋斗实践中积累的,广大青年只有身处伟大的社会实践中才能实现人生目标。人民中富含宝贵的知识和精神财富,广大青年要在人民群众当中扎根学习才能有所进步。

第二,同祖国一道前进。广大青年同祖国一道前进,要求广大青年要有浓厚的家国情怀。有国才有家,祖国和个人的命运是息息相关、密不可分的。对于当代青年实现成长成才的路径来说,青年与祖国一道前进就是一条不可或缺的重要途径。改革开放以来,我们国家政治、经济、社会各方面建设取得的伟大成就是有目共睹的,我们每个人都享受到了国家和社会进步带来的富足生活,但是距离我们伟大的中国梦实现还有一段距离,这就需要每位青年、每个中国人参与到祖国建设当中,尽最大的努力贡献自己的力量。青年在同祖国一道前进中,要立足于本职工作,爱岗敬业,发扬螺丝钉精神,干一行爱一行,成为本领域的佼佼者。广大青年要立足高远、胸怀祖国,心系国家的发展,带着情怀干事业,才能在奋斗的过程中不畏艰难,坚持到底。

---

① 毛泽东.毛泽东选集:第3卷[M].北京:人民出版社,1991:1031.

结论与展望

经过上述研究,我们得出了以下几个部分的结论。

第一,关于新时代青年教育研究的形成,笔者主要从三个方面论述了新时代青年教育研究形成的时代背景(包括国内和国外背景)、新时代青年教育研究形成的理论渊源以及新时代青年教育研究形成的现实基础。新时代青年教育研究形成的国外背景是世界范围内意识形态领域的争夺战和人才竞争的争夺战;新时代青年教育研究形成的国内背景主要是中华民族伟大复兴的中国梦的深情呼唤、新时代下国内各种社会思潮风起云涌以及人民对幸福生活的美好向往。新时代青年教育研究形成的理论渊源则从三个角度展开论述:对马克思列宁主义青年教育思想的坚持和发展、对马克思主义中国化青年教育思想的继承和发展以及对中华传统文化中青年教育思想的弘扬和发展。从中得出了新时代青年教育研究坚持和发展马克思列宁主义青年教育理论的哲学基础、根源理论以及原则方法,对马克思主义中国化青年教育思想理论体系中核心教育总体定位的继承和发展、主要内容思想的继承和发展,弘扬中华优秀传统文化对于增强当代青年文化自信的重要作用以及弘扬中华优秀传统文化对于促进社会主义核心价值观以及实现中国梦有着重要作用。根据新时代青年教育研究形成的现实基础中的现实需要,也就是新时代青年教育研究的现实依据,笔者得出两点:一是顺应国内外青年教育形势发展的根本要求,包括当今世界青年教育形势——各国都把青年的培养视为国家发展的重要战略目标和国内青年教育发展形势——当下我国青年教育受全球化、网络信息化和进入新时代等因素的影响,机遇和挑战并存,青年教育任务十分艰巨;二是解决当前青年教育矛盾问题的必然选择,当前青年教育矛盾问题有供和需的矛盾与青年教育体系建设问题、教和学的矛盾与青年教育队伍建设问题、知与行的矛盾与青年教育实效性问题。

第二,关于新时代青年教育研究的主要内容,笔者主要从关于青年教育的定位和目标、关于青年教育内容的结构要素以及关于青年教育的原则方法等三个部分展开论述。新时代青年教育研究的总体考虑和战略定位,尤其是关于青年教育工作在坚持和发展中国特色社会主义伟大事业进程中的地位和作用,可以用习近平总书记在十九大报告中的"青年兴则国家兴,青年强则国家强"这一论断来做理论表征。青年一代要有理想、有本领、有担当,这被视为新时代下青年教育的总体目标。新时代青年教育研究的主要内容由九个要素构成:社会主义核心价值观教育、传统文化教育、法治观念培育、思想品德教育、理想信念教育、家国情怀教育、知行合一教育、奋斗精神培育、创新精神的培育。其中,本书还对青年教育的基本原则和方法进行了总结和提炼,得出了四个基本原则:第一是两个巩固原则;第二是以人为本原则;第三是两个相统一原则;第四是主动占领阵地意识原则。

第三,从新时代青年教育研究的主要内容中可以概括出新时代青年教育研究的主要特征,这一部分主要论述了新时代青年教育研究的战略性与实践性相统一、历史性与时代性相统一、民族性与世界性相统一以及科学性与艺术性相统一。笔者得出以下四点结论。一是新时代青年教育研究的建构从青年教育的目标定位、青年教育内容以及青年成长成才的途径都与国家发展前途命运紧密地联系在一起,立足于国家战略的重要高度,使得这一理论体系具有高瞻远瞩的战略性。然而正是立足实际的实践性这一特征确保了战略落实到行动,确保了新时代青年教育研究没有被束之高阁,而是真真切切地为当代青年教育实践发展提供了重要指引,从而实现了战略性与实践性的统一。二是历史性体现在延续了马克思主义中国化青年教育思想的一贯传统,那就是坚持党管青年,这使得新时代青年教育研究具有一脉相承的历史性。当代青年教育不仅要保持正确的政治方向这一历史传统不动摇,还要与时俱进体现当代青年教育的时代性。事物不可能一成不变,任何事物都在不断运动发展中,新时代青年教育研究更是立足于新的历史方位,为解决当前青年教育存在的实际问题给予了明确的应对思路和具体解决方案,从而实现了历史性与时代性的统一。三是新时代青年教育研究的民族性不仅体现在习近平寄语和呼吁广大青年要重视和学习中华传统文化知识,以及恰到好处地引经据典教育广大青年,还体现在重视广大青年的爱国主义精神的培育。广大青年不仅要在底蕴浓厚的传统文化中找到文化自信,更要带着这种内心深处的自信走向世界,向世界介绍中国文化、中国精神,让世界更加了解中国。广大青年要放眼全球并带着这份责任和使命去推动世界经济、文化、政治等领域的繁荣发展,为构建人类命运共同体而不懈努力。从这点来看,新时代青年教育研究具有包容开放、和而不同的世界性,最终也实现了民族性和世界性的统一。四是新时代青年教育研究的科学性不仅体现在它能够全面回答青年教育所面临的重大问题,还从国家、社会、家庭以及青年个体多个层次来论述了如何开展青年教育促进青年个体的成长成才,并且新时代青年教育研究中的基本观点阐述都是紧密围绕既定价值目标展开的。但是新时代青年教育研究体现出来叙事巧妙的艺术性与前者,充分展现了理性思维和感性表述相结合的完美体,从而实现了科学性与艺术性的统一。

第四,关于依据新时代青年教育研究的主要内容和主要特征,笔者提炼出新时代青年教育研究的时代价值:一是理论价值,主要从开辟了马克思主义青年教育理论的新境界,进一步丰富发展了马克思主义中国化青年教育思想,以及揭示了当代中国青年教育客观规律和本质要求;二是实践价值,主要为做好党的青年工作提供了根本遵循,为新时代青年建功立业提供了行动指南,为中华民族伟大复兴的中国梦的实现提供了强大助力以及为构建人类命运共同体提供了重要的人才和智力支撑。

第五,关于新时代青年教育研究价值实现的路径选择,笔者认为要以社会教育为依托,打造好以互联网为平台的正面宣传教育渠道,营造风清气正的社会教育氛围,发挥共青团在广大青年思想领域的积极引领作用;以学校教育为主体,重视并加强马克思主义教育的理论研究,打造好思政教育的主阵地以及建立全员、全方位、全过程的育人机制;以家庭教育为基础,助力青年教育并建立家庭教育机制,建立家庭教育的导向和激励机制以及发挥家风家训潜移默化的教育作用;以个体教育为重点,增强自我教育意识,提升自我教育能力,自觉践行社会主义核心价值观以及把人生理想融入国家和民族的事业中。

由于个人学识和一些客观条件的限制,本书仍然存在一些不足之处。首先,本研究在探索当前我国青年教育问题方面不够深入,尤其是对当前青年教育问题的认识,研究得还不够透彻,还需在今后的教育实践中继续调研,进一步深入探索。其次,在"新时代青年教育研究价值实现的路径选择"这一章节,具体内容论证的内在逻辑还不够清晰。最后,本书在理论分析上还不够深入,缺乏具体的实证和个案研究。针对这些不足,本研究还存在进一步深入的空间,笔者将加强相关资料的收集和整理,进行相关的实地访谈和调查,结合相关理论把新时代青年教育研究价值实现的路径选择进一步完善。

参 考 文 献

[1]中共中央马克思恩格斯列宁斯大林著作编译局.马克思恩格斯文集:第1卷[M].北京:人民出版社,2009.

[2]中共中央马克思恩格斯列宁斯大林著作编译局.列宁专题文集[M].北京:人民出版社,2009.

[3]毛泽东.毛泽东选集:第1卷[M].北京:人民出版社,1991.

[4]江泽民.江泽民文选:第2卷[M].北京:人民出版社,2006.

[5]胡锦涛.胡锦涛文选[M].北京:人民出版社,2016.

[6]顾明远.改革开放30年中国教育纪实[M].北京:人民出版社,2008.

[7]徐志远.现代思想政治教育学基本范畴及其体系构建研究[M].北京:人民出版社,2009.

[8]陆玉林.当代中国青年文化研究[M].北京:人民出版社,2009.

[9]雷日科夫.大国悲剧:苏联解体的前因后果[M].徐昌翰,等,译.北京:新华出版社,2010.

[10]艾四林,王明初.社会主义主流意识形态与当今中国社会思潮[M].北京:人民出版社,2014.

[11]北京青少年研究所.中国青年研究的回顾与前瞻:三代学者的视点[M].北京:人民出版社,2012.

[12]史巍,韩秋红.理性的轨迹与思想的镜像:现当代哲学思潮及其对青年教育的影响[M].北京:人民出版社,2013.

[13]李向国,李晓红.主流意识形态建设新论:中国特色社会主义理论体系指导地位研究[M].北京:人民出版社,2013.

[14]李建华,夏建文.立德树人之道:大学生社会主义核心价值观的培育与践行研究[M].北京:人民出版社,2015.

[15]李大健.多维审视与理性涵育:大学生社会主义核心价值体系教育研

究[M].北京:人民出版社,2015.

[16]周菲.社会主义核心价值观与中国梦[M].北京:人民出版社,2015.

[17]刘晓哲.马克思主义文艺育德思想研究[M].北京:人民出版社,2016.

[18]王伟光.改革开放与中国特色社会主义[M].北京:社会科学文献出版社,2009.

[19]沈壮海.坚持和发展马克思主义是增强思想政治工作实效性的根本[J].高教理论战线2001(7):39.

[20]冯秀军.中国梦与当代大学生的成长成才[J].思想理论教育,2013(11):21-25.

[21]王树荫,石亚玲.当代青年践行社会主义核心价值观的科学指南[J].中国高等教育,2014(Z2):7-10.

[22]佘双好,宋增伟,梅萍.建构具有中国特色的本土化心理疏导模式[J].学校党建与思想教育.2017(5):21-25.

[23]韩迎春.不能以"团队精神"取代"集体主义"[J].马克思主义研究,2015(12):128-134.

[24]曹京燕,卢忠萍.革命历史题材影视剧的德育价值探析[J].思想理论教育导刊,2014(4):111-114.

[25]陈世润,熊标.毛泽东理想信念观及其当代意义[J].毛泽东邓小平理论研究,2013(3):47-51,92.

[26]胡伯项,李江波.马克思主义中国化与中国梦的内在逻辑[J].思想政治教育研究,2015(9):30-34.

[27]李江波,姚亚平,黎滢.改革开放以来中国共产党的意识形态建构[J].求实,2017(8):21-31.

[28]程样国,周婷.论社会主义核心价值体系融入思想政治教育全过程[J].求实,2009(5):88-89.

[29]廖小平,陈建越.青年价值观的基本特征[J].中国青年政治学院学报,2006(7):40-44.

[30]张瑜,杨增崒.试论改革开放以来大学生理想信念教育的主要经验[J].学校党建与思想教育,2009(3):14-17.

新时代青年教育理论与实践

[31]陆海燕,黄诚.从当代青年特点看思想政治教育发展[J].思想教育研究,2012(2):48-51.

[32]徐学庆,胡隆辉.全面建成小康社会关键在于补齐短板[J].中州学刊,2015(12):5-10.

[33]朱永新.中国古代教育理念之贡献与局限[J].教育研究,1998,19(10):55-61.

[34]王春梅.邓小平青年观的四个纬度[J].中国青年研究,2008(4):90-93.

[35]陈力.国际人才竞争的特点与趋势[J].中国人才,2003(12):15-17.

[36]任晓伟.制度自信是坚持和发展新时代中国特色社会主义的首要自信[J].陕西师范大学学报(哲学社会科学版),2017,46(6):13-19.

[37]郭芸.网络舆论对大学生思想的影响与应对策略[J].新闻战线,2017(22):30-31.

[38]田霞,赵翔.为大学生理想信念教育插上"微"翅膀[J].人民论坛,2018(10):126-127.

[39]邢云文,张瑾怡.构建面向"日常生活"的大学生思想政治教育[J].思想理论教育导刊,2018(2):121-124.

[40]汪盛玉.大学生期待视野的社会主义核心价值观教育[J].思想政治教育研究,2017,33(6):21-25.

[41]刘丽莉,张永红.中华优秀传统文化在大学生健康社会心态培育中的作用及路径选择[J].学校党建与思想教育,2018(4):73-76.

[42]张志松,李福华.虚拟现实心理放松系统干预大学生焦虑情绪的研究[J].教师教育研究,2018,30(2):88-93.

[43]杜学敏,戴贝钰,刘正奎.积极心理学视野下大学生心理健康标准的研究[J].思想教育研究,2018(3):123-126.

[44]付志高.大学生一般自我效能感在生活事件和压力后成长间的调节作用[J].中国学校卫生,2018,39(3)457-459.

[45]李启明,郑琦.大学生问题性网络使用对其社会支持和幸福感的影响[J].西南交通大学学报(社会科学版),2017,18(6):105-113.

[46]王伟宜,刘秀娟.家庭文化资本对大学生学习投入影响的实证研究[J].高等教育研究,2016,37(4):71－79.

[47]刘洋,李建宁.论中国传统孝文化对大学生社会责任感培养的价值[J].教育理论与实践,2018(6):38－40.

[48]韩同友,于建业.责任伦理视阈下大学生社会主义核心价值观的培育[J].西南民族大学学报(人文社会科学版),2016,37(11):214－218.

[49]魏进平,李琳琳,魏娜.教育引导大学生正确认识时代责任和历史使命:基于21个省80所高校19319名大学生的调查[J].社会科学论坛,2017(4):193－208.

[50]任丽,徐艳.让中华优秀传统文化走进大学生心田[J].人民论坛,2018(34):134－135.

[51]王天思.辩证法:作为一种描述方式[J].上海大学学报(社会科学版),2004(6):12－17.

[52]林泰,本刊记者.关于社会思潮研究的几个基本理论问题:访清华大学马克思主义学院林泰教授[J].思想理论教育导刊,2016(5):35－41.

[53]李玉琦.共青团在历史发展中的探索和变革[J].中国青年社会科学,2019,38(1):65－73.

[54]张春枝.中国共产党青年教育观研究[D].武汉:武汉大学,2013.

[55]王双群.社会主义核心价值体系融入思想政治理论课教育教学研究[D].武汉:武汉大学,2014.

[56]程雄飞.新时代大学生社会责任教育研究[D].南昌:南昌大学,2019.

后　记

　　岁月不居，时节如流。从本书构思到定稿，这一路走来实属不易，克服了不少困难，在此要感谢对本书的出版给予帮助的每一位良师益友，没有你们的竭力支持，很难如此顺利完成定稿。

　　感谢我的博士生导师对书稿的悉心指导，感谢学校领导同事对本书提出的建议和修改帮助。虽然，目前本书仍然存在一些不足之处，但只要保持锲而不舍的研究态度后期一定会愈加完善。

　　最后，本书也是本人在江西中医药大学 2021 年申请的博士科研启动基金项目结题的支撑材料。感谢江西中医药大学对本书出版的大力支持。

杨　清